ISBN-13: 978-1533424464
ISBN-10: 1533424462

Table des Matières

Préface   **9**

1 « Amer savoir, celui qu'on tire du voyage »
Charles Baudelaire   **11**

    Par-delà les nuages
    Désorientée
    Voyages par procuration
    Fuite

2 « Elle gravit péniblement les dernières marches,
ouvrit la porte du grenier... »   **19**

    Le deuil
    Une si longue attente
    8 Mai 1945
    L'absence

3 Courage – Noblesse – Réconciliation - Sentiment   **31**

    Les frères
    Janvier noir
    Rupture
    Quelques mots...

4 « Le Faux Miroir » De René Magritte   **37**

    Un regard
    Promesse
    Blanc
    Réminiscence

5 Dialogue entre « deux pensionnaires » du
Cimetière du Père Lachaise   **47**

    L'inspiration
    Désillusion
    Conversation entre P. Honoré et JB. Poquelin
    Conversation d'outre-tombe

6 Inventaire du sac à main   **59**

    L'inventaire
    Rouge à lèvres
    Tirés du sac

L'enveloppe
L'inventaire
Poème pour le Curé
Tirés du sac
Le mouchoir

7 Syllabe imposée 69

La basse-cour
Sans queue (de chat) ni tête
Variantes
Décidément !

8 « Sens » dessus dessous 75

Gare Montparnasse
Impressions d'enfance
Le cadeau
Une lueur d'espoir

9 « Il faut toujours viser la lune car même en cas d'échec, on atterrit dans les étoiles » Oscar Wilde 89

Femme-mosaïque
Projections
La partition des cœurs
Reconnaissance

10 Amalgame – abbé – grigri – Inuit – kermesse – kitsch – zénitude – kiwi – sérénité - bravo 101

Croyance
Histoire rocambolesque
« Trop la honte… »
Amalgame

11 Et si on se faisait peur ? 107

L'assassin
Terre maudite
Chute bretonne
Angoisse

12 Un conte, nouvelle version 121

Et ils vécurent heureux…
Ma très chère sœur
Qui suis-je ?

Les cochons et le loup

13 A des années-lumière   **131**

Addiction
En ligne de mire
Origines
A des années-lumière de là…

14 On the road again – Texte à quatre mains   **139**

15 Atelier d'écriture   **153**

« Et si ? Et puis… »
Atelier d'écriture
Faire le pas
L'écriture…

Le mot de la fin   **159**

Note des auteures   **161**

Biographies   **163**

Préface

L'expatriation semble accélérer ou concentrer davantage les rencontres insolites, surprenantes ou inattendues. Pour un bout de chemin plus ou moins long, pour des ententes plus ou moins intenses, pour des projets plus ou moins nourrissants... Le qualificatif commun pourrait être « déconcertant ».

Etre loin de son environnement familier, loin d'une certaine identité et d'un rôle social au contour défini, permet une liberté qui donne à s'autoriser des rêves ou des essais de mode de vie, d'expression, d'évolution intérieure, qui n'auraient pas vu le jour autrement.

Ce quatuor d'auteures, débutantes ou un peu plus aguerries, illustre ce propos.

Un désir commun, une petite voix qu'on écoute enfin, une opportunité, une date pour lancer l'affaire et voilà.

Une autre rencontre aussi, qui selon elles, les inspire et leur prouve encore une fois, si besoin était, que croire en son rêve, c'est simple après tout.

Une année scolaire plus loin, le fruit de son audace parfois, de son rêve certainement, de son évolution artistique, de son inclination littéraire se matérialise et prend forme.

J'accueille leur requête avec bienveillance et joie, découvre des textes d'une grande valeur, identifie des sensibilités différentes au travers de leurs styles uniques. J'observe leur modus operandi intéressant, entre dans leur d'atelier d'écriture, deviens en quelque sorte leur mentor, après qu'elles m'aient dénommée leur modèle (et j'en suis honorée), moi qui ai franchi le pas, en même temps que l'Atlantique il y a 6 ans et qui suis rentrée dans mon identité d'écrivain 25 ans après en avoir rêvé...

Nous discutons, je pose des questions difficiles, je les encourage, je les soutiens, je les pousse parfois à confronter leurs zones d'inconfort... Elles décryptent leurs choix, leurs inquiétudes, apaisent leur doute, galvanisent leur volonté, renforcent leur confiance dans la qualité de leurs écrits, croient à leur projet encore plus... Leur rêve, j'y crois autant que j'ai cru au mien.

Le voile de l'exposition au monde revient souvent, l'ombre de l'autocensure, trop encombrante, est évacuée enfin. La peinture de couverture créée par l'une d'elle unifie et fond tout cela, nos longues réunions, leurs sessions d'écriture et leurs aspirations dans une œuvre commune, celle de la victoire de l'éclosion du rêve, d'une chose essentielle, sur le tranquille statu quo.

Je salue leur démarche et leur travail en communion d'esprit. Bonne lecture et bon rêve !

Florence Vitel
Ecrivain

1
« Amer savoir, celui qu'on tire du voyage »
Charles Baudelaire

« Thème inspiré du concours de nouvelles 2015 de la Mission Laïque Française »

Par-delà les nuages

Aï Lann

Il était un petit d'Homme qui avait un étrange pouvoir, celui qui n'était généralement accordé qu'aux Dieux : il pouvait se déplacer en sautant de nuage en nuage.

Pendant longtemps, très longtemps, il en avait bien profité. Il avait ainsi fait le tour de la Terre des centaines de fois, rencontré les hommes les plus puissants, admiré les femmes les plus séduisantes et échangé avec les sages les plus écoutés. Il avait aimé partager leurs idées. Il avait aimé tirer le meilleur de leurs expériences et de leurs connaissances. Il se sentait riche, il se vivait grand.

Mais sans savoir comment, il se demanda soudainement : pourquoi ? Pourquoi tous ces voyages ? Pourquoi toutes ces découvertes ? Pourquoi toutes ces éternelles épopées ? A quoi bon tous ces paysages traversés ? Que cela m'apporte-t-il au fond ? Quelle est cette course infinie qui me guide au gré des vents ? « Amer savoir, celui qu'on tire du voyage ». Je pars, je repars, je vole, je fuis, je survole. Où sont mes amis rencontrés ? Où sont mes valises posées ? Où est ma maison fondée ? Où sont les amours autrefois adulés ?

Ce que j'ai gagné, cela s'est finalement envolé. Un nuage, oui, mais un nuage de fumée…

Alors, ce petit d'Homme avait décidé qu'après tant d'années passées à errer, il était temps de s'interroger sur ses racines et sur ce qu'il était vraiment, au gré des vagues et au gré des courants.

Je n'ai pas d'attaches, se dit-il, oui, c'est vrai, mais je suis attaché à la vie, à l'allégresse, à la beauté. Oui, à la beauté que la Nature offre, aux paysages surprenants, aux doux chants des alizés, aux âmes singulièrement croisées.

Je suis écume, vapeur et légèreté. Je réunis en moi le Tout d'un monde si vaste. En moi, ce monde se fait minuscule pour n'être qu'Unité. Parce que je suis un petit d'Homme rencontrant son destin en ses frères d'Humanité, en cette Nature si superbement magnifiée. Oui, j'ai confiance maintenant. Mon errance n'est absolument pas superficielle : à l'intérieur existe une belle sérénité. Je ne suis pas seul dans l'Immensité. Je suis parmi tous si bienveillamment aimé.

Désorientée
Albane

Hier, je suis partie. J'ai largué les amarres. J'ai déposé mon passé. Tête haute et cœur léger, je m'en suis allée.

Bien sûr, j'avais ma vie, une vie bien remplie mais toujours la même vie. J'avais envie de rompre la monotonie. J'avais envie de terres lointaines et de langues étrangères.

Certes, j'ai eu le changement et l'émerveillement. Au cours du voyage, j'ai été bousculée, poussée de côté. J'étais un enfant pour un moment.

Mais le voyageur est un homme qui perd ses repères le temps d'un instant. Qu'il rentre ou pas, l'illusion ne dure pas. Il croit renaître, il s'oublie. Il croit échapper à sa médiocrité ou sa morne réalité. Comme un boomerang, elle le rattrape sans pitié.

« Amer savoir, celui qu'on tire du voyage ».

Voyages par procuration
Elisabeth

Aujourd'hui, Raymond est un homme de 76 ans. Il est resté grand et mince, sous ses cheveux que j'ai toujours connus blancs. Les yeux du montagnard sont d'un bleu de cristal, et sa voix grave apporte sérénité dès les premières tonalités.

Avant d'entamer une vie méritée de retraité, Raymond tenait un café tabac sur la place Jouffroy d'Abbans, à Baume-les-Dames. La place en question longe le bord du Doubs dans un cadre de verdure exceptionnel. On peut prendre le temps de se baigner durant les jours les plus chauds de l'année. La Franche Comté fait partie de ces régions françaises offrant sans détour, le paisible en été et la rudesse en hiver. Les gens originaires de ce pays reflètent le climat, le relief, les sonorités : ils sont vrais, entiers, non dénaturés. Comme l'eau qui roule sur les cailloux des cascades, la consonne "R roule dans la gorge de ses habitants.

La petite ville de Baume-les-Dames est une halte proposée à ceux qui se rendent de Besançon à Montbéliard. Autrefois très empruntée, la route serpente le long de la rivière, des roches et des forêts.

Raymond n'a jamais quitté les montagnes qui s'étendent du Doubs jusqu'au Jura. Il mène une vie de contemplation des paysages et des hommes qui l'entourent. Il aime, profondément, cet endroit et ne souhaite pas en partir car il y trouve son équilibre fait d'envies simples et sereines. Un seul regret qu'il a fallu couvrir avec les années... ne pas avoir épousé Edwige, il y a bien longtemps, avant qu'elle ne parte avec les gens du cirque qui avaient séjourné sur les berges du Doubs.

C'est depuis son départ que Raymond collectionne des cartes postales illustrant la vie de Baume-les-Dames. Il fut un temps où les événements majeurs du bourg étaient photographiés et imprimés, d'abord en noir et blanc, puis en couleur, sur des cartes que l'on postait ou que l'on accrochait aux murs de la cuisine.

Il lui arrivait de regarder plus longuement cette carte cartonnée montrant le chapiteau du cirque de passage ce printemps de 1960, et debout devant la toile tendue: des clowns, des danseurs, des athlètes. Edwige les avait suivis. Raymond était resté sur ses terres natales.

Ils s'étaient pourtant aimés au bord du Doubs. Elle lui avait donné son cœur, disait-elle, et elle lui donna aussi son corps velouté la veille de partir pour de bon, sans prévenir.

Alors la vie de Raymond a pris son propre cours : sportif, il connaît sa région du bout des doigts, des yeux, des pédales de son vélo.

Mais bien devant le cyclisme et les cartes anciennes, il est une passion qui le fait voyager au-delà des routes et des frontières : ses timbres.

Des parcelles de couleurs, des pays lointains, des toiles de maîtres, des insectes étranges, des montgolfières… Le carnet de route est sans limite car depuis plus de 50 ans, Raymond décolle patiemment les dentelures de papier finement illustré. Il les répertorie, les rassemble, et les protège de feuilles de soie.

Bien que de fréquence peu élevée, nous entretenions une correspondance fidèle. Je le savais impatient de trouver dans sa boîte aux lettres des lettres étonnement oblitérées. Et je n'oubliais pas de lui adresser des cartes postales depuis les contrées lointaines que nous traversions.

Mais la boîte aux lettres lui donna ce jour-là une lettre plus qu'inattendue, postée depuis la Roumanie.

Avant de s'éteindre, Edwige avait révélé à sa petite fille un si lourd secret. Sa petite fille, Mariana, ressemblait de plus en plus à son grand-père... Raymond.

Des photos d'une jeune fille élancée, aux yeux bleus de cristal étaient jointes dans l'enveloppe. Pas de doute. Raymond avait une petite fille lui venant d'Edwige.

Alors, n'ayant jamais voyagé que par procuration, il prit son courage et son destin à pleine main, et avec l'aide de l'un de ses amis, il prit la route, à son tour. Raymond découvrit les paysages de Roumanie si proches de ceux qu'il connaissait, verdoyants et onduleux.

Devant Mariana, il avait pleuré le temps passé sans savoir qu'elle existait.

Fuite
Michèle

Esquivant les bombardements, j'ai plié bagages et suis parti. Blessé, mortifié, en colère et maudissant, j'ai laissé derrière moi attaches et souvenirs. J'ai fui la guerre et ses tourments. J'ai voyagé longtemps, traversant pays et continents, naviguant par-delà les mers et les océans, essayant d'oublier mon histoire, mon pays meurtri et dévasté, mon peuple décimé.

Partout où je suis passé, j'ai aimé et appris, admiré et grandi. Essayant de m'adapter aux us et coutumes des uns et des autres, j'ai cru, quelque temps, que je serais comme eux, libre et heureux… Promesse illusoire d'un avenir meilleur ! Je demeurais captif et torturé.

La blessure, profonde, ne s'estompait pas. L'angoisse m'étreignait. Ressurgissant à l'improviste, elle me harcelait, m'opprimait, noyant mon cœur dans un torrent de larmes que rien ne pouvait assécher. Ereinté, anéanti, accablé, le nom de ma patrie tatoué dans le moindre recoin de ma chair, je ne pus que céder. J'y suis retourné.

Me voilà fantôme errant dans les rues vides et silencieuses, je n'ai pu échapper à mon destin…

2
« Elle gravit péniblement les dernières marches, ouvrit la porte du grenier… »

Thème inspiré du concours de nouvelles
Association florentinoise Les Après-midi de Saint Flo

Le deuil

Aï Lann

Elle gravit péniblement les dernières marches, ouvrit la porte du grenier, anxieuse, apeurée. Cela faisait si longtemps qu'elle n'était pas montée là-haut, ses souvenirs remontant à l'adolescence. Elle avait gravi l'escalier comme on remonte le temps, chaque marche représentant un souvenir, une image, une odeur, une sensation.

Voilà, elle y est. Elle est devant la porte entrouverte. Il faut entrer... Le cœur lourd, triste, elle appuie sur la poignée, elle ose enfin regarder à l'intérieur, mais... « Rien n'a changé? Non, rien n'a changé. » Ses parents non plus n'ont pas dû y aller souvent. Tout est sale, immobile, silencieux, comme cette maison toute entière maintenant.

La lumière du jour au travers du vasistas éclaire le plancher. Elle respire profondément cette odeur de bois vieilli, d'humidité, de poussière mélangés.

Elle lui rappelle ses premières années à jouer au milieu des cartons quand ses parents et elle se sont installés dans cette maison qu'ils n'ont plus quittée.

Elle lui rappelle l'enfant qu'elle était et qui venait dénicher dans le grenier les vêtements que sa mère ne voulait plus porter et qu'elle utilisait pour se transformer en un instant en princesse ou en fée.

Elle lui rappelle son adolescence quand elle était venue avec Paul s'y cacher pour échanger leur premier baiser.

Oui, ce grenier, son grenier, c'est toute une vie traversée. Chaque objet, chaque malle, chaque livre sont un hymne au passé. Elle n'a pas envie d'y toucher et pourtant, il va bien falloir le faire car ses parents ont décidé subitement de tout quitter. Ils n'ont rien dit. Ils l'ont laissée brutalement seule, malheureuse, abandonnée. Pourquoi ? Que va-t-elle faire sans eux ? Y a-t '-il dans ce grenier une réponse à trouver? Oui, peut-être...

Sa redécouverte, objet après objet, va probablement lui permettre de comprendre. Elle va prendre le temps d'accepter et de se séparer. Une lampe délaissée, un chapeau trouvé, un meuble inutilisé représentant à chaque fois un petit bout de son père, un petit bout de sa mère, et par conséquent, une part d'elle-même.

En réalisant cela, elle se mit à pleurer, à tout lâcher, à vider toute la tension accumulée. Depuis leur mort, plusieurs mois plutôt, elle n'avait pu verser une larme tant elle avait été choquée.

Ce grenier était certainement la solution, l'endroit où il était possible et heureux de se laisser aller à la peine, à la tristesse, à la douleur. C'est là qu'elle situerait maintenant ces émotions-là : dans ce grenier, qui bientôt serait vidé, qui bientôt appartiendrait à d'autres. Elle était prête à dire adieu, adieu à ce qui était et ne sera plus jamais.

Une si longue attente
Albane

Elle gravit péniblement les dernières marches, ouvrit la porte du grenier, et fredonna. Surgit aussitôt de derrière le fagot la tête d'un homme à chevelure hirsute. La femme abaissa par trois fois ses paupières ridées, marquant ainsi l'absence de danger. L'homme se redressa. Très amaigri, d'une pâleur extrême, il portait une chemise grisée par le temps ainsi qu'un pantalon de velours rouge, usé et rapiécé. Une moustache qu'un miracle tenait relevée ornait ses lèvres minces que la peur maintenait scellées. Dans son regard fiévreux flottait toujours la même question. Etait-ce enfin terminé ? Le ciel, l'air, le contact avec les autres lui manquaient terriblement. Mais de ce village occupé, il n'avait pu s'échapper. De ce grenier, il était prisonnier.

Le 4 Aout 1914, Lucien avait quitté sa fiancée en souriant, lui promettant mille baisers le mois suivant. De Paris, son train l'avait acheminé vers l'est, jusqu'aux Ardennes. Engagé dans la bataille des frontières, il avait découvert l'enfer de la guerre. Le combat fut court, il ne dura que deux jours. Mais il emporta la vie de vingt-sept mille jeunes soldats. Lucien parvint à s'échapper, emportant dans sa fuite les terribles gémissements des agonisants.

Traqué, terrorisé, Lucien erra de longs jours, se cachant dans les bois. Ses pas et le hasard le menèrent au village de Sternay. Bien caché, il observa les bâtisses que le poids de la guerre semblait affaisser, les villageois que les Allemands malmenaient. Il se décida enfin. Une nuit, il frappa aux fenêtres éclairées d'une maison sans prétention. Une vielle femme lui ouvrit et le recueillit.

Madeleine déposa le panier qu'elle tenait à la main, releva le torchon et découvrit les maigres provisions qu'elle avait pu rassembler : un quignon de pain, quelques pommes et un bout de jambon. Comme chaque jour, elle lui apportait un peu de nourriture et « Le journal des Ardennes ».

Durant quatre longues années, Lucien s'était attaché à la lecture de ces pages aux relents de propagande. Bien que mensongères, elles lui offraient ce lien vital avec le monde. Enfermé, il avait lu avec inquiétude les appels répétés à la dénonciation, appris les restrictions et les exécutions. De sa lucarne, il avait vu les Allemands triomphants s'installer, menacer et ricaner.

Claquemuré, en lisant, il avait un jour perçu le changement. La nervosité des journalistes collaborant trahissait leur peur du châtiment. Le ton arrogant et grossier des débuts avait disparu.

De sa fenêtre sur le toit, Lucien observait. Il regardait les Allemands courant, vociférant, menaçant. Les exécutions s'enchaînaient. Les cris des hommes casqués montaient. La débâcle approchait.

Un jour, au milieu de l'hiver retentirent les cloches du village. Le 11 novembre 1918, en larmes, main dans la main, Madeleine et Lucien descendirent avec légèreté les marches qui les menaient vers la liberté.

8 Mai 1945
Elisabeth

Elle gravit péniblement les dernières marches et ouvrit la porte du grenier.

En elle-même, elle se disait que c'était peut-être la dernière fois qu'elle se chargeait de ce panier de victuailles qu'elle avait pu collecter, non pas chaque jour, mais presque, avec l'aide du réseau.

Depuis combien de temps venait-elle dans ce lieu préservé par miracle ? Une éternité ponctuée de sueurs froides. Insoupçonnable, le grenier de sa maison avait été le fidèle complice de son secret depuis plus de 2 ans maintenant.

Un jour de Septembre 1942, les jeunes voisins avaient frappé à sa porte, les yeux remplis de terreur. Pauline s'était reculée sans un mot et avait laissé entrer les deux vestes cousues de l'étoile jaune. Comme beaucoup d'entre eux, ils étaient arrivés de Pologne clandestinement pour fuir une discrimination antisémite et s'étaient arrêtés à Lens, ville terne du bassin minier du Pas de Calais. Pour la plupart, ils étaient artisans, marchands ambulants ou propriétaires de modestes commerces. À la veille de la Seconde Guerre mondiale, près d'un millier de juifs vivait à Lens et dans les communes alentour.

Le mari de Pauline, Antonin, n'étant pas de nature ouverte, ils ne s'étaient jamais côtoyés et le jeune couple du palier paraissait discret. Qu'aurait pensé Antonin de sa décision irréfléchie : abriter deux fugitifs dans le grenier de l'immeuble ? Ce grenier appartenait à la famille de son mari, et recelait les souvenirs matériels de générations successives sans histoire. Antonin lui avait montré la cachette avant de partir au front. Au cas où… De toute façon, elle le savait : Antonin ne reviendrait plus. Elle avait reçu la visite funèbre des gendarmes lui annonçant le pire.

N'ayant pas eu d'enfants, la solitude s'était installée en plus de la difficulté à survivre dans l'hostilité permanente de cette époque hystérique.

Pour découvrir l'endroit protégé, il fallait tirer lentement l'armoire normande vers soi avant d'accéder au mur de planches amovibles. Les Allemands ou autres milices n'auraient pas soupçonné qu'une femme puisse être capable de faire bouger un tel poids pour dissimuler une planque. Derrière cette façade de bois, se trouvait un espace, pas bien grand, mais éclairé d'une discrète lucarne. C'était à prendre ou à laisser ; c'était mieux que la mort programmée.

Pauline se remémora les moments où il avait fallu lutter pour la survie, la sienne, la leur. Comme le soir où les coups contre la porte l'avaient fait bondir hors de son sommeil : une perquisition violente dans le quartier, sans doute liée à une dénonciation. Les battements de son cœur devaient probablement être visibles et sortir de la poitrine. Elle était tombée à genoux une fois la milice partie, et avait fondu en sanglots. Et puis aussi la fièvre du jeune homme qu'il avait fallu soigner le plus discrètement possible. Et encore cette fois parce qu'elle avait oublié de refermer la cache, elle les avait surpris penchés à la fenêtre pour goûter au ciel, observer les toits de la ville. Ils étaient trop jeunes et amoureux. Après leur en avoir voulu de cette imprudence, elle les avait compris et repris sa mission. Elle leur avait amené livres, jeux, travaux de couture… pour passer le temps, si long.

Au fond, leur présence lui donnait une bonne raison de se battre à sa manière, une goutte d'eau dans cette marée de tourmente.

En 1944, Pauline remarqua que le ventre de la jeune femme commençait à s'arrondir… Il ne manquait plus que cela. Comment allaient-ils gérer cette grossesse et l'enfant à venir dans un futur si incertain ? Certes à Noël, on entendait que les alliés reprenaient du terrain. Partout, on chuchotait une fin imminente du conflit.

Enfin, la date tant espérée était arrivée : 8 Mai 1945. Debout devant son panier dans ce grenier, Pauline reprit sa respiration. Elle effectua une énième fois le déplacement du vieux meuble protecteur, le basculement des lattes de chêne. Elle leur ouvrit avec un grand sourire et les prit dans ses bras. « Vous êtes libres ».

Paul naquit un jour de Juin, et donna l'occasion à Pauline de raconter à n'en plus finir l'histoire de ce grenier, de nos jours, oublié.

L'absence
Michèle

Elle gravit péniblement les dernières marches, ouvrit la porte du grenier, alluma la lumière et s'avança doucement vers le milieu de la pièce. La dernière fois qu'elle s'était aventurée là, il était avec elle. Le souvenir de son départ lui fit monter les larmes aux yeux, qu'elle laissa couler sur son visage ridé et fatigué. Depuis quelques semaines, elle n'arrivait plus à contenir son émotion : le moindre détail de son quotidien lui rappelait violemment son absence. Elle était bouleversée par cette effusion de sentiments qu'elle avait toujours réussi à refouler, mais qui désormais secouaient régulièrement tout son être. Sa présence dans ce lieu si silencieux et triste, qu'elle avait rapidement balayé du regard en entrant, avait à elle seule ranimé une foule de pensées qui se bousculaient dans sa tête. Elle pressentit aussitôt qu'elle avait fait une erreur d'être montée là, sans avoir attendu que quelqu'un l'y accompagne. Elle comprit qu'une fois de plus, elle allait devoir déposer les armes. A nouveau, sa respiration s'accélérait, les battements de son cœur résonnaient dans tout son corps et une sensation de suffocation lui nouait la gorge. Dans un ultime mouvement d'effort, elle réussit à faire quelques pas, avant de vaciller et de s'effondrer, épuisée, sur un vieux canapé placé dans un coin. Avec peine, elle mit la main dans la poche de son cardigan, à la recherche de la boîte de comprimés que le médecin lui avait conseillé de prendre et qu'elle gardait toujours avec elle, en prévision des malaises qui, hélas, devenaient de plus en plus fréquents. Elle avala le médicament, ferma les yeux et attendit que ce dernier fasse son effet.

Malgré le châle épais qui lui couvrait les épaules, elle frissonna ; l'unique fenêtre de la pièce, bien que toujours close, laissait filtrer l'humidité et une légère odeur de moisissure lui chatouilla le nez. Qu'arriverait-il à tous ces objets entassés là depuis tant d'années déjà ? Elle se souvint de la première fois où ils étaient montés ici tous les deux, ils y avaient passé la journée et de quelle patience avait-il fait preuve en acceptant docilement d'exécuter toutes ses demandes ! Elle voulait un grenier bien ordonné et avait exigé que les cartons soient disposés par thème et par ordre chronologique. Il les avait empilés, par colonnes de quatre, contre les deux principaux murs et avait noté de sa belle écriture, sur chacun d'eux, la liste de ce qu'ils contenaient. Puis, il avait recouvert le sol d'un vieux tapis aux couleurs éteintes, installé au milieu de la pièce une petite table ronde en bois massif entourée de quatre chaises un peu bancales, et déposé dans un coin, à côté de la fenêtre, le vieux canapé dans lequel elle était maintenant assise.

Malgré les supplications de ses proches, elle ne s'était pas résignée à jeter ces meubles et leur avait attribué une nouvelle fonction : « Je ne veux pas que cette pièce soit un dépotoir, non ! Ce sera la chambre des souvenirs ! Ces meubles assureront un minimum de confort pour celui qui aura envie de s'y réfugier et de se replonger dans le passé », avait-elle prétexté. Elle sourit en pensant au nombre de fois où ce mobilier usé, défraichi, avait effectivement accueilli les uns et les autres, visiteurs et habitants de cette maison, qui lassés par les froides et pluvieuses journées d'hiver s'étaient réfugiés au grenier pour tromper leur ennui. Après le passage de tous ces curieux, qui se délectaient à ouvrir les cartons les uns après les autres, à la recherche d'une vieille photographie, d'un objet d'un autre temps ou d'un éventuel trésor, elle s'attendait à retrouver une pièce digne de la caverne d'Ali Baba, et était à chaque fois surprise de la voir impeccablement bien rangée, comme si personne n'avait osé s'y aventurer. Elle-même ne s'y rendait que pour vérifier ce constat, bien agréable pour elle, puisqu'elle détestait l'idée d'un désordre quelconque, même dans les endroits les plus reculés de la maison.

Par manque de temps certainement, puis, plus tard par appréhension, sans doute, de voir tous ses souvenirs ressurgir, elle ne s'était jamais vraiment attardé dans cette pièce, jusqu'au jour où ils étaient à nouveau montés tous les deux, une dernière fois. Elle plissa les yeux comme pour chasser le souvenir de ce moment si particulier et laissa son esprit vagabonder dans les méandres de sa mémoire. Il lui semblait à nouveau entendre le bruit des pas sur le parquet en chêne, le crépitement du bois dans la cheminée, les rires des enfants qui se poursuivaient dans les couloirs, le vacarme qui régnait à la cuisine les jours de fête. Elle sentait maintenant les émanations des ragoûts qui mijotaient dans les grandes casseroles en fonte, des heures durant, les effluves des bouquets de fleurs qui embaumaient chaque pièce de la maison ou des sachets de lavande disposés dans les recoins des armoires, l'odeur des bougies parfumées allumées avant la tombée de la nuit…. La maison ne désemplissait jamais ! Quel bonheur se dégageait alors de ces épais murs de pierre et la vie qu'ils recueillaient en leur antre semblait éternelle !

Elle ouvrit soudain les yeux, encore embués de larmes, se leva avec peine et se dirigea lentement vers la table ronde. Elle prit appui sur l'une des chaises et ouvrit avec précaution le petit tiroir situé en dessous de la table, d'où elle retira un vieux carnet en cuir. Elle feuilleta rapidement les pages avant de trouver celle qu'elle cherchait. Elle la parcourut et à mesure que les mots défilaient sous ses yeux, un sentiment de bien-être infini l'envahit. Elle serra le carnet contre son cœur et retourna s'asseoir, apaisée. Un dernier sourire éclaira son visage, alors que des pas gravissaient précipitamment l'escalier qui menait au grenier. La porte s'ouvrit brusquement et une jeune femme courut jusqu'à elle, mais la vieille dame était déjà loin…

3
Courage – Noblesse – Réconciliation - Sentiment

De ratures en écritures, textes d'improvisation

Les frères

Aï Lann

Ils étaient deux, ces frères de lait, ils étaient si fiers. Jeunes, la jalousie les avait emportés dans un tourbillon de violence et de sang. Ils avaient lutté à mort jusqu'à la séparation définitive, irréparable, éternelle, enfin... C'est ce qu'ils croyaient. Mais la vie aidant, les années passant, le sentiment de perte de ce lien fraternel si puissant avait mené ces adolescents, adultes maintenant, sur le chemin d'une réconciliation.

Des années plus tard, le hasard au détour d'une rue les avait fait se rencontrer à nouveau. Ils avaient mis tant de courage dans la lutte, comment allaient-ils pouvoir se laisser aller à l'abandon du combat ?

Ils étaient deux, ces frères ennemis, ils étaient si fiers, il y avait tant de noblesse dans leur port si droit et pourtant la vie aidant, les années passant, ils avaient pu doucement, pas à pas, accepter le renoncement, vivre l'apaisement et se reparler enfin.

Janvier noir
Albane

Tiens, prenons l'actualité et jouons avec les mots. De notre temps, c'est un jeu dangereux qui requiert du courage. Il n'y a pas de quoi en rire, diront les uns. Tous n'ont pas le même sentiment. Sans autre raison, ils partent au combat.

Quand les uns résistent avec des plumes, d'autres perdent la raison et assassinent. Crayons contre canons.

La noblesse de la cause justifie les moyens. C'est l'argument que brandissent les partisans du sang versé. Je leur oppose que la vie n'a pas de prix.

La religion est prise en otage, victime récidiviste de la folie des hommes,

De ceux qui au nom d'Allah, recherchent gloire et pouvoir.

De ceux qui brandissent le nom de Dieu pour bafouer les libertés.

Souhaitons que la raison des uns soumette la folie des autres, que la réconciliation l'emporte sur la destruction.

Rupture
Elisabeth

Elle mit une dernière touche de mascara avant de sortir de l'appartement, de rejoindre son avocat qui l'attendait, impatient dans la voiture.

Et regretta son geste dans l'instant, devinant déjà les motifs qui se dessineraient sous ses yeux, à la signature de la rupture définitive et sans espoir de réconciliation.

Des larmes sans noblesse s'écouleraient jusqu'aux papiers du juge.

« Je te quitte. On ne partage plus les mêmes sentiments. Je pars demain » avait dit Cyril, il y a un peu plus d'un an. Combien de jours lui avait-il fallu avant de trouver le courage de lui avouer la vérité ?

Elle se souvient d'avoir eu froid en premier, un froid annonçant sa solitude à venir. Et tout de suite après, elle avait crié, non, elle avait hurlé pour ne pas tomber. Elle savait déjà que la lutte était inégale.

Dans une heure, leur histoire prendrait fin, à la façon d'un immense gâchis.

Quelques mots...
Michèle

Comme tous les matins, il sortit chercher le courrier. Pressé, il ouvrit rapidement la boîte aux lettres, empoigna le paquet qui s'y trouvait et rentra précipitamment. Le froid lui avait glacé les oreilles. Il rêva d'un bon café bien chaud avant de se mettre en route. Tant pis, il aurait quelques minutes de retard ! Il dégustait chaque gorgée de sa boisson préférée, comme si c'était la première fois qu'il en buvait, tout en triant hâtivement les lettres. La plupart vit d'ailleurs leur trajectoire prendre fin au fond de la poubelle. Publicité invasive, gâchis de papier, perte de temps... Il ne cessait de se plaindre de cet amas de missives sans aucun intérêt. Soudain, son regard fut attiré par une enveloppe d'un genre particulier. Le papier était de qualité, un peu épais, d'un ton pastel très doux et plaisant. Son nom et son adresse étaient tracés d'une belle écriture ronde et soignée qui lui rappela les calligraphies à l'encre de Chine de sa tante. Les timbres, collés avec soin à l'extrémité droite de l'enveloppe, étaient très originaux et paraissaient de valeur ; il n'en n'avait jamais vu d'aussi beaux. Le nom de l'expéditeur n'y figurait pas. Intrigué, il retourna l'enveloppe et découvrit qu'elle avait été cachetée à la cire rouge. Il l'ouvrit délicatement et en sortit plusieurs feuilles pliées en deux, qu'il s'empressa de lire. A mesure que ses yeux parcouraient les mots écrits, en petits, et peu espacés les uns des autres, son visage changeait d'expression : de l'étonnement, de l'incompréhension, de la tristesse, de la déception, de la joie... Une foule de sentiments se succédait, accaparant tout son être. Il n'avait jamais été autant bouleversé par ces mots qui paraissaient pourtant si simples, mais qui avaient éveillé en lui une multitude de souvenirs.

Lorsqu'il eut fini sa lecture, il ne put que saluer le courage et la noblesse d'esprit de celle qui avait osé, après tant d'années de souffrances, d'incompréhensions, de regrets, puis finalement d'oubli, lui tendre à nouveau la main. Laissant toute cette douleur derrière elle, elle lui offrait la voie de la réconciliation, une réconciliation difficile certes, avec lui-même, avec les autres, avec elle surtout, mais qui représentait une ultime tentative pour accepter la vie, une initiative salvatrice qu'il ne pouvait plus repousser...

4
« Le Faux Miroir »
De René Magritte

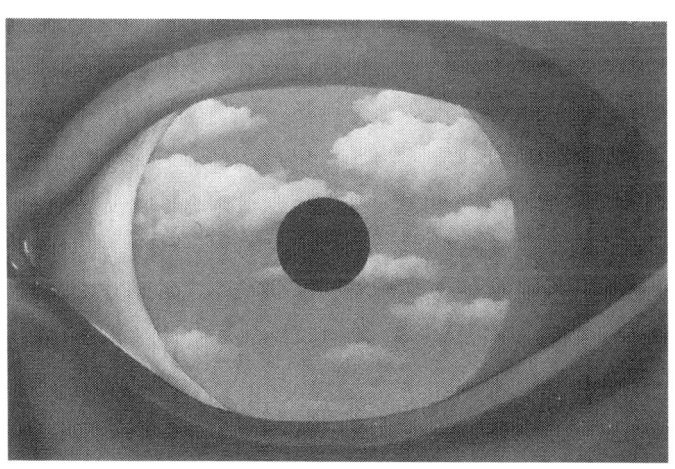

Un regard

Aï Lann

Il y avait dans ce miroir, un regard tout en intensité. Qu'y avait-il bien pu changer ? Un mot, un geste tout en délicatesse, porté sur un visage mal aimé et la lumière s'est infiltrée en douceur dans les traits.

Avec étonnement, elle s'est dit : « Ah ! Oui ? Ah ! Bon ? Ça alors ? Comment est-ce possible ? »

Elle a appris qu'en un mot, qu'en un geste, les yeux peuvent ne plus voir ce qui était, mais peuvent, comme envoûtés, découvrir tout le potentiel de ce qui peut être. Intensité du regard, miroir de l'âme, si belle lueur de la flamme.

Promesse
Albane

Mon plus beau souvenir, me demanda ma petite Elsa, fille de mon premier enfant, et petite fille d'Henry.
Les yeux perdus, je me souviens...
Son regard se planta dans le mien, harponnant mon âme sans que je n'y puisse rien faire. Je devais abandonner ma souveraineté et regarder. Jamais de plein gré je n'aurais accepté de me laisser embarquer.
Dans les premiers instants, passé l'étonnement, je me mets à scruter le tableau qu'offrent ses prunelles bleues. Il y a là une véritable invitation au voyage.
Autour de moi, il y a ce bleu profond et tout au fond, deux orbites autour desquelles gravitent de petites pépites blanches, comme des nuages posés sur cette immensité bleue. Ces tâches laiteuses, accrochées à ses pensées, semblent le curseur de son humeur. Tantôt translucides, elles s'assombrissent, aussi noires que des nuages sous l'orage.
Prise d'un vertige, je me sens happée, je me laisse emportée et je plonge. J'entends au loin de grands éclats de rires. Ils se rapprochent. Et je nous vois. Nous rions. Côte à côte, les mains scellées, nous cheminons. Nous sautons à cloche pieds sur ces tapis moelleux. Nulle angoisse ne nous étreint, nous sommes heureux. Nous scrutons cette terre lointaine, ce point vers lequel nos grandes enjambées joyeuses nous mènent. Nous nous connaissons depuis la nuit des temps. Cette planète est la nôtre, nous la reconnaissons. Enfin nous nous retrouvons.
Une éternité a passé. Et nous savons tous deux qu'il nous reste enfin une vie à partager.

Blanc
Elisabeth

Dans le quartier, devant une tasse,
Un nuage de lait perturbe son café
Engageant le doux rêve des écumes d'Hokusai

Alors elle hésite à faire valser la cuillère
Encore un instant à regarder le vol des aigrettes
Au-dessus des montagnes enneigées
Puis des moustaches blanches seront déposées
Outrage aux bonnes manières de l'enfance
Le petit noir n'avait qu'à bien se tenir

Le tourbillon caféine se fait souvenir
Aux crinières enchevêtrées des Boulonnais
Ralentir le mouvement pour encore s'évader
Dans le velouté des robes équines
Elle goutte maintenant le breuvage métissé
Apaisée par quelques gouttes lactées

Et si toutefois par plaisir de s'évader
Elle aimerait y revenir
Faites donc, fermez les paupières
Pour, encore un instant, se laisser envahir.

Réminiscence
Michèle

Mila regarda sa montre et se leva brusquement. Il fallait qu'elle parte maintenant si elle voulait arriver à l'heure. Elle y allait vraiment à contre cœur et avait finalement accepté l'invitation parce que tous les prétextes qu'elle avait minutieusement avancés avaient été réfutés un à un. Elle n'avait donc plus d'excuses valables, pour échapper une fois de plus au rendez-vous que lui fixait son « nouvel ami », comme le surnommait avec amusement et d'un air taquin, son frère. Elle déposa un baiser sur la joue de son père, lui releva une mèche tombée sur son front, et s'apprêtait à lui caresser les cheveux lorsqu'elle croisa le regard de sa sœur qui semblait lui signifier de se dépêcher. Elle finit donc par revêtir son manteau, nouer l'écharpe autour de son cou et enlever les gants de son sac. Puis, elle sortit de la chambre, en prenant bien soin de refermer délicatement la porte. Depuis que son père avait été hospitalisé, depuis plusieurs semaines déjà, elle y passait toutes ses journées et parfois même ses nuits. Elle était fatiguée certes, mais elle savourait chaque instant passé avec lui, essayant de le distraire par des anecdotes amusantes, des souvenirs agréables, des lectures apaisantes.

Un froid glacial l'accueillit, alors qu'elle s'engageait dans l'allée principale qui traversait un petit parc, bien triste en cette saison, avec ses grands arbres dégarnis et ses parterres sans couleur. Le ciel était blanc et il n'allait certainement pas tarder à neiger. Malgré cela, elle décida d'y aller à pied. Elle ne voulait pas prendre le risque de conduire et de se retrouver coincée dans les embouteillages sur le chemin du retour. Si elle pressait un peu le pas, elle y serait en une trentaine de minutes. Alors qu'elle atteignait le grand boulevard, elle constata que la circulation ralentissait et que le trafic semblait s'intensifier, déjà à cette heure de la journée ; elle se félicita d'avoir laissé sa voiture au parking. Cette petite marche allait lui faire du bien, elle ne penserait à rien. Elle laisserait, en effet, sa tête se vider de toute cette cogitation qui ne cessait de l'accaparer sans relâche. La découverte soudaine de la maladie de son père, puis son hospitalisation l'avaient anéantie, mais elle n'en voulait rien paraître et les efforts considérables pour dissimuler son angoisse de le perdre l'épuisaient. Elle releva le col de son manteau et regretta d'avoir oublié son chapeau sur la table. Tant pis ! Les rares passants qu'elle croisait étaient si bien emmitouflés qu'elle distinguait à peine leur visage. La majorité des piétons avait certainement emprunté les souterrains qui traversaient la ville; elle ne les utilisait qu'en dernier recours, lorsqu'elle n'en avait vraiment pas le choix. Il fallait être bien téméraire pour s'aventurer dehors par ce temps-là ! Mais bientôt, le thermomètre afficherait des nombres négatifs à deux chiffres, ce qui limiterait considérablement les escapades en plein air. Des flocons immaculés allaient sans aucun doute bientôt recouvrir la ville. Ce serait la première fois cette année.

Il l'attendait dans le hall du musée, à côté de la bibliothèque et semblait feuilleter d'un air distrait une brochure, annonçant probablement les prochains événements culturels. Malgré les protestations de Mila, il lui avait offert l'abonnement annuel au musée et souvent, entre deux cours, ils déambulaient dans les différentes galeries, discutant de tout et de rien, s'arrêtant parfois devant une œuvre, pour confronter leur point de vue sur les intentions de l'artiste, puis reprenaient leur promenade et la discussion là où ils l'avaient laissée. Dès qu'il l'aperçut, il s'avança gaiement vers elle et l'accueillit avec un grand sourire. Il était apparemment soulagé qu'elle ne lui ait pas fait faux bond à la dernière minute et qu'elle ait enfin accepté de le voir, en dehors de leurs régulières flâneries artistiques. Après avoir fermement repoussé toutes ses précédentes tentatives, il avait réussi, non sans difficulté, à la convaincre de l'accompagner au vernissage de cette nouvelle exposition consacrée à différents peintres surréalistes. Il savourait à l'avance le plaisir d'effectuer avec elle cette visite privée, guidée par un spécialiste de renom, et pensait à la joie qu'il aurait d'en discuter ensuite avec elle, lors du déjeuner qu'il avait prévu, dans un petit restaurant gastronomique du quartier, où il avait réservé une table pour deux. Pendant qu'elle retirait d'un geste vif ses gants, dénouait son écharpe et essayait désespérément de remettre en ordre sa longue chevelure bouclée, il la contemplait sans rien dire et la trouva encore plus belle que d'habitude.

Ils échangèrent ensuite quelques mots, puis s'avancèrent vers un petit groupe de personnes qui avaient le privilège de découvrir avec eux, en avant-première, cette fameuse collection de tableaux.

Le guide était extrêmement intéressant, c'est d'ailleurs pour cette raison qu'il avait tant insisté qu'elle soit présente, et tout le monde paraissait littéralement absorbé par ses paroles, qu'accompagnait une gestuelle théâtrale. Erudit et doté d'un sens de l'humour, il avait réussi, avec brio, à captiver son auditoire, n'hésitant pas à le faire participer, à solliciter un commentaire, à engager la réflexion. Les œuvres étaient magnifiquement bien exposées et l'éclairage choisi les rendait encore plus énigmatiques. La visite agréable, instructive et vivante, touchait presque à sa fin, lorsqu'ils se retrouvèrent tous devant un pan de mur recouvert d'un épais rideau. Alors que le guide, s'exclamait d'une voix tonitruante : « Et voilà, le Faux Miroir de Magritte ! », l'étoffe fut brusquement soulevée, dévoilant la dernière œuvre présentée. A sa vue, Mila se figea, son corps se raidit, et elle eut beaucoup de mal à réprimer un cri. Elle frissonna, avant qu'une vague de chaleur l'envahisse, comme si un volcan, sommeillant longtemps en elle, se préparait à exploser. Les paroles du guide, pourtant tout près, lui parurent subitement lointaines, inaudibles, inaccessibles. Le groupe de personnes, avec qui elle venait tout juste de discuter, formait maintenant une étrange masse sombre, compacte, indiscernable. Elle n'était plus dans cette salle. Son esprit semblait s'être envolé ailleurs.

A la vue de ce tableau si singulier, un souvenir extrêmement douloureux, enfoui au plus profond d'elle-même, avait ainsi soudain ressurgi. Son père était allé les chercher à l'école elle, sa sœur et son frère. Il les avait embrassés longuement. Sur le chemin du retour, qu'ils avaient effectué à pied, il tenait fermement les petites mains dans les siennes. Ils avaient dû s'arrêter un moment, pour que Mila puisse renouer ses lacets. Lorsqu'elle s'était relevée, son père, son frère et sa sœur faisaient face à la devanture d'une librairie, où des livres d'art étaient exposés. Mais un ouvrage, plus grand que les autres, avait tout de suite attiré son regard. Son père le fixait également, et des larmes silencieuses coulaient sur son visage. La couverture du livre représentait la peinture d'un œil, grand ouvert, avec un ciel bleu parsemé de nuages blancs se reflétant dans l'iris, et au milieu une pupille noir. Elle entendit la voix de son père leur murmurer : « Mes amours, maman est partie, elle est dans ce beau ciel ». Puis, il s'était agenouillé et les avait serrés très fort tous les trois contre lui. Cette œuvre magnifique avait été définitivement associée à la disparition de sa mère. Pendant des années, elle avait rêvé de cet œil qui la fixait, se réveillant à chaque fois hurlant et en sueur, ne trouvant de consolation que dans les bras aimants de son père et de sa voix douce et réconfortante. Puis peu à peu, grâce à cette présence paternelle forte et rassurante, à cette profusion d'amour et d'attention qu'il avait prodiguée à ses enfants, ceux-ci avaient grandi et s'étaient épanouis, acceptant plus sereinement l'absence maternelle. Mila n'avait plus jamais revu cette œuvre jusqu'à ce jour. En l'apercevant à nouveau, elle avait donc ressenti un choc émotionnel puissant, accompagné d'une forte prémonition funeste…

Elle sursauta alors qu'une main se posait sur son épaule. Elle se retourna et croisant le regard de son ami, elle baissa la tête, bredouilla quelques mots d'excuses et sortit précipitamment de la salle. Il la laissa partir, sans rien dire. Deux heures s'étaient écoulées depuis qu'elle avait pénétré dans cet imposant édifice. Il avait neigé, la blancheur s'étendait à perte de vue, enveloppant tout sur son passage. Les routes étaient impraticables. Sans hésiter, Mila descendit au sous-sol, s'engagea dans les souterrains et se mit à courir, à courir très vite, aussi vite que possible. Les images défilaient rapidement dans sa tête, des souvenirs heureux, l'infinie tendresse de son père, ce père exceptionnel, adoré, admiré qui avait consacré toute sa vie à ses enfants. Elle accéléra le rythme, faillit tomber, se trompa de couloir, se ressaisit juste à temps et reprit sa course effrénée.

Elle arriva enfin, à bout de souffle, le visage rouge et baignant de larmes, les battements de son cœur résonnant dans tout son être. Elle se précipita dans la chambre et s'agenouilla près du lit, son frère et sa sœur à ses côtés. Ils se penchèrent, tous les trois, vers le père bien aimé, et lui tinrent délicatement les mains. Il ouvrit lentement ses yeux, comme si le soulèvement de sa paupière était filmé au ralenti, tourna doucement son visage vers la fenêtre et regarda le magnifique ciel bleu parsemé de nuages. Puis, s'adressant à ses enfants, il prononça paisiblement ses derniers mots « mes amours… ».

5
Dialogue entre « deux pensionnaires » du Cimetière du Père Lachaise

L'inspiration

Aï Lann

Je ne pouvais pas me recoucher. C'était insupportable! Cela faisait des heures que je tournais en rond dans mon minuscule appartement. Une petite lumière de bureau allumée, la page blanche, le stylo et le paquet de cigarettes entièrement vidé dans le cendrier. Les mégots entassés étaient signe d'impuissance : impossible, il m'était impossible d'écrire; l'inspiration envolée ! Pfff ! Dans un souffle, partie en fumée. J'ai bien essayé de la retrouver en faisant d'inlassables allers-retours entre ma fenêtre sous un ciel glacé et mon bureau et ma page blanche et mon stylo. Mais rien n'y a fait. Je suis resté là, hébété.

Que pouvais-je bien y faire si l'inspiration n'était plus là? Que pouvais-je bien y faire? me demandais-je désœuvré. Il fallait que je bouge, je devenais fou à tourner en rond entre ces quatre murs. Ce silence dans l'appartement m'oppressait, cette odeur de cigarettes écrasées me donnait envie de vomir, il fallait que je sorte de cette pièce surchauffée. Je pris mon manteau, le jetai sur mes épaules, je pris mes clefs et claquai la porte dans un mouvement qui me fit sursauter. Je descendis les marches quatre à quatre comme si je fuyais un danger. Arrivé en bas des escaliers de l'immeuble, je poussai la lourde porte d'entrée et me retrouvai dans la rue froide et désertée de cette nuit de janvier. Je pris cinq minutes pour me poser et après quelques longues respirations, je pus me détendre et marcher enfin. Une voiture me dépassa bien vite et je croisai un cycliste qui dévalait la pente à toute vitesse, puis plus rien.

Paris m'appartenait. Mes pas me guidèrent vers le cimetière du Père Lachaise, en haut de la colline que je devais gravir. Je voyais se rapprocher les arbres de cet étrange jardin. Après une dizaine de minutes, j'atteignis la grille d'entrée du cimetière. Bien sûr, elle était fermée : il était 3 h du matin, en pleine semaine, en plein hiver, mais je voulus y pénétrer. Cette idée m'est venue soudainement et elle ne m'a plus quitté. Il fallait que j'aille me recueillir sur la tombe de mes auteurs préférés. Le mur d'enceinte était assez haut, mais j'étais bon grimpeur pour avoir vécu tout près d'une forêt quand j'étais enfant. Grimper aux arbres, je savais, un mur de quelques mètres ne me faisait donc pas peur. Un coup d'œil à droite, un coup d'œil à gauche : personne. Je me décidai. Non sans difficulté, j'arrivai au sommet et pris quelques secondes pour admirer du haut de mon perchoir toutes ces tombes sacrées, si joliment agencées. Je sentais qu'il fallait que je sois là, au milieu de tous ces grands penseurs, de tous ces grands artistes.

Je me laissai donc glisser doucement le long de ces pierres rugueuses en essayant de ne pas m'écorcher et je me mis à marcher le long des allées. Un sentiment d'apaisement et de bien-être m'envahit, étrangeté au milieu de tous ces morts. Je m'arrêtai un instant pour savourer le moment, mais alors que je m'attendais à n'y entendre que le souffle du vent, qu'elle ne fut pas mon étonnement quand je perçus soudain un bruit de voix au lointain.

Je crus tout d'abord que c'était mon imagination qui me jouait des tours, mais non, j'entendais bien une conversation animée. Puis, j'ai pensé que c'était un groupe de jeunes gens qui comme moi, avaient besoin de tranquillité ou d'aventure, c'est selon, et qui avaient passé le mur pour boire, sans témoin, quelques bières et fumer quelques joints. J'étais fâché de cette intrusion dans mon territoire en pleine nuit, alors que j'avais tant besoin de solitude. Mais ma curiosité fut plus forte que ma gêne et je décidai de continuer mon chemin vers l'agitation.

Je pris soin bien entendu de ne pas trop faire crisser les petits cailloux de l'allée sous mes pieds. Je voulais voir, mais ne pas être vu. Je n'avais aucunement l'intention de parler à mes congénères. Quelle ne fut pas ma surprise quand en lieu et place des jeunes gens que je m'attendais à trouver, je découvris un petit groupe assis sur les tombes, petit groupe qui me semblait familier. Je ne les reconnus pas tous, mais pour certains je ne pouvais pas me tromper.

Il y avait Victor Hugo, Toulouse-Lautrec, Charles Chaplin et même Jim Morrison. Ils étaient là, tous, en train d'argumenter sur l'importance de leur art, chacun bien sûr, rempli d'ego, tirait la couverture à soi. C'est à celui qui parlerait le plus fort pour imposer ses idées. Une voyante, que j'avais rencontrée un jour par hasard dans le quartier, m'avait bien dit que le cimetière était peuplé la nuit de ses dignes représentants. Mais comment aurais-je pu la croire ? Je la pensais folle, voilà tout. Comment des personnages décédés depuis si longtemps pouvaient se réunir comme ça de manière si décontractée et discuter autour de leurs tombes comme s'ils étaient toujours vivants ? J'étais estomaqué ! Ils paraissaient si réels, si proches. Je me ressaisis, la stupeur passée et je me mis à les écouter. Ils semblaient si profondément impliqués dans leur conversation qu'ils ne pouvaient remarquer ma présence.

L'échange durait depuis des heures et aurait pu continuer ainsi bien longtemps encore, mais j'entendais de moins en moins distinctement ce qu'ils disaient à mesure que la lune se couchait. Les contours des corps de ces célèbres personnages se faisaient moins nets. Leurs voix devenaient murmures et puis, aux premiers rayons de soleil, ils disparurent tous comme par enchantement. C'en était fini, comme dans un rêve, évanoui. J'en vins même à me demander si ce que je venais de voir était bien réel.

Après un long moment resté à fixer les tombes délaissées, je réalisai que mes mains et mes doigts de pied étaient gelés. Je pouvais à peine les remuer. Après un douloureux effort, je me remis en route et pris le chemin du retour. Je grimpai le mur avant que le gardien ne puisse me voir. Je redescendis la rue qui me ramenait chez moi. Elle était désormais animée. Les gens pressés s'engouffraient dans le métro tête baissée, les livreurs de primeurs terminaient leur tournée. Paris s'éveillait sans conscience de ce qui venait de se jouer. J'atteignis enfin mon appartement, j'ouvris la porte et me laissai tomber sur ma chaise devant mon bureau. J'étais épuisé, mais je savais désormais quelles émotions je devais transmettre dans mon écriture : de la passion qu'offre la peinture, de la légèreté qu'offre la musique et de la profondeur qu'offre la danse. J'avais tout pour continuer ce que j'avais commencé. Le soleil maintenant éclairait la cour. La ville était tout à fait éveillée, et moi, malgré la fatigue, j'étais de nouveau prêt à m'élancer.

Désillusion

Albane

- « Si mes souvenirs sont bons, mon cher ami, vous êtes arrivé il y a bien peu d'années. Honoré de vous rencontrer, jeune fant' homme. Vous vous appeliez ? »

- « Montand. J'étais Montant (maintenant déclinant)... Ah, que diable ! Cesserez-vous une nuit de m'importuner ? Vous, qui séjournez en ces lieux, êtes bien trop attaché à votre passé. Moi, je n'ai de cesse de me détacher, mais vous me retenez. Qu'aimerais-je être cet homme enterré à l'automne et déjà envolé ! »

- « Vous vous méprenez, Môssieur. Nous ne sommes en rien responsables de votre séjour en ces lieux. Croyez-moi, vous souffrez de votre notoriété. Et c'est vous seul qui vous êtes condamné à rester. N'est-ce point vous qui vouliez de cette concession ? N'est-ce pas vous qui proclamiez votre fierté de côtoyer les grands esprits à l'heure de votre mort ? Maintenant, soyez récompensé et profitez des célébrités. »

- « Ô pauvre de moi ! Je donnerais mon passé au premier passant. Je n'ai que faire de ces quelques années où j'ai été adoré, adulé ! Maintenant, de l'autre côté, je préfèrerais avoir été jeté, oublié dans une fosse commune. »

- « Ah, que vous êtes vaniteux ! On ne peut dispar...aitre et avoir été ! Vous étiez bien heureux de briller et de vous distinguer. Maintenant, souffrez de rester.

Sortez, vagabondez, allez dans les allées. Vous découvrirez des trésors enterrés. »

- « Je n'ai que faire de vos conseils et je ne veux qu'une chose : m'échapper de cette morbidité. »

- « Priez alors pour que le grand ordonnateur prenne pitié. L'auriez-vous oublié ? Vous ne pourrez-vous échapper tant que cette terre recèlera une trace des restes de votre passé. Et vous le devinez, votre nom en ces lieux ancré vous condamne à la célébrité pour encore de bien longues années. »

Conversation entre P. Honoré (1941-2015) et JB. Poquelin (1622-1673)

Elisabeth

- « A qui ai- je l'honneur ? »
- « Honoré, Honoré Philippe »
- « Heureux de faire votre connaissance, Monsieur. Je me présente Poquelin, Jean-Baptiste Poquelin, compositeur dramaturge et acteur à la Cour du Roi »
- « Molière ? »
- « Oui, j'avoue que je ne suis pas peu fier que l'on me reconnaisse encore 350 ans après ma mort… Et vous ? Qu'est-ce qui vous amène ? La maladie ? Le suicide ? Un accident de la route ? »
- « Des balles dans la peau. »
- « Ma foi, c'est original. Nous avons donc trépassé chacun de manière distrayante. Vous aussi ? Sans extrême onction ? »
- « Ben non, j'étais laïque. »
- « Alors vous aussi, vous êtes mort autour de questions de religion ? »
- « On peut dire ça. Ma bande de copains et moi, on dessinait des satyres « genre de quoi je me mêle » dans un journal grand public, et on a osé s'attaquer à l'Islam… alors comme on ne plaisait pas à tout le monde… je me suis fait trouer la peau par des intégristes. »
- « Cela nous fait donc plusieurs points communs ! Satyriques dénonciateurs de notre époque, récusés par des religieux fanatiques…
N'aviez-vous pas des appuis hauts placés ? »

- « Si bien sûr, mon copain et le président étaient très proches mais pas assez pour nous protéger… Enfin, on était acceptés par la Cour si vous préférez. »

- « Je comprends. Tout comme moi, j'avais la grâce du Roi mais pas celle de l'Archevêque de Paris. J'ai toujours refusé de signer une renonciation à la profession de comédien. Ça ne pardonne pas : je deviens païen aux yeux de l'Eglise. Cependant, j'en veux un peu au Roi aussi… Sur mon acte d'inhumation, il est fait mention de « Jean-Baptiste Poquelin, tapissier, valet de chambre du Roi » ! La profession faisait encore honte à l'époque. »

- « Maintenant, c'est plutôt valorisant. Beaucoup de personnes se sont mobilisées pour défendre nos droits à l'écriture. »

- « Alors c'est une bonne nouvelle… si vous permettez. Levons un toast au courage des écrivains ! Et enfin je peux le dire à quelqu'un : j'étais CHARLIE ! »

Conversation d'Outre-Tombe

Michèle

- « Je vous salue Monsieur ! Je vous souhaite la bienvenue parmi nous ! »

- « La bienvenue, la bienvenue, merci pour votre accueil mais j'm'en serais bien passé. Les voyous, c'est eux qui ont tout manigancé ! « Ne bois pas trop mon chéri, n'oublie pas que tu vas conduire », celle-là avec son ton mielleux ! Ah j'ai toujours bu et conduit après, mais là ils ont dû mettre queqchose dans mon verre, j'en mettrais ma main au feu, maintenant que j'y pense, il avait un goût bizarre d'ailleurs ce vin-là ! Ah ! Ils vont me le payer cher ! C'est qu'ils croient qu'ils vont avoir le pognon ! Mais ils rêvent ! Mais la tête qu'ils vont avoir quand le notaire va leur lire le testament ! Mais j'suis pas con moi, qu'est-ce qu'ils croient, que j'allais tout leur laisser ! Ah, comment j'ai pu me faire avoir comme ça ! Ah les salauds !!! »

- « Monsieur, monsieur, je m'excuse de vous interrompre, mais calmez-vous, je vous prie. Permettez-moi de vous rappeler les épitaphes inscrites en ces lieux « Ici repose en paix », ne troublez pas ainsi ces âmes perdues par vos gémissements incongrus ! »

- « Mais vous venez d'où vous ? J'ai le droit dire ce que je veux, non ? Et qui êtes-vous d'abord ? »

- « Ah pardonnez-moi, je ne me suis pas encore présenté : Jean-François Champollion, mon nom sans doute ne vous est pas inconnu ! »

- « Champignon, champignon, vous êtes dans le biseness vous aussi ? »

- « Non non pas champignon, Champollion. Mon nom ne vous dit rien ? La pierre de Rosette… »

- « La rosette de Lyon ? C'est vous ? Ah j'adore, j'adore !!! J'en mangerais matin, midi et soir ! Ah ! C'est pas bon pour le cholestérol qu'elle me disait, mais j'm'en fous de son cholestérol moi, avec tout ce qu'ils nous sortent maintenant, on mangerait plus rien, on mourrait de faim oui ! J'aurais dû faire votre connaissance avant, on aurait fait des affaires avec les Chinois, « la rosette de Lyon made in China » ils bouffent tout eux, à nous la fortune, l'Asie, Shanghai, Pékin... »

- « Non, non, je ne vous parle pas de la Chine mais de l'Egypte, la merveilleuse terre des Pharaons, une civilisation exceptionnelle, un patrimoine archéologique remarquable, Louxor, Assouan, le Caire... »

- « Ne me dites pas que c'est là-bas que vous allez en vacances ! Mais c'est ringard ! Ah non il faut aller aux Bahamas, aux Seychelles, aux Maldives : c'est top cool ! C'est là-bas les vraies vacances ! On trime toute l'année, alors on les mérite ces foutues vacances : les doigts de pied en éventail, la bronzette, le verre de margherita et les jolies filles, sea, sex and sun... »

- « Ah cher monsieur, je peine à comprendre votre langage. Il me semble cependant que vous vous exprimez dans la langue de Molière, mais vous parleriez l'arabe, l'hébreu, le syriaque ou le copte, j'en serais plus aise. (Tout bas : cet étrange personnage ne paraît pas s'intéresser à l'Antiquité, quelle déception ! Voilà près de 183 ans que j'attends patiemment que l'on me rapporte des nouvelles de ma chère Egypte, que sont devenues les fouilles entreprises à Karnak ? A-t-on poursuivi mes recherches dans la transcription des hiéroglyphes ? Qu'en est-il du département Egyptien du musée du Louvre ? Ah que d'interrogations ! Mais voilà que l'on dépose un nouveau pensionnaire. J'ose espérer que sa conversation sera plus intéressante que celle de mon voisin de gauche »).

Epilogue : Sur la pierre tombale qui vient d'être posée est inscrite l'épitaphe suivante : « Ci-gît Youssef Amine, Alexandrie 1917 - Paris 2015 »

6
Inventaire du sac à main

De ratures en écritures, textes d'improvisation

Le processus créatif de ce texte :
Lister 5 objets piochés ce jour dans notre sac à main
En faire une description rapide
En choisir un
Ecrire un texte à partir de l'objet choisi

L'inventaire

Aï Lann

Un rouge à lèvres : rouge, bien rouge, flamboyant même. Histoire de donner du corps à des lèvres trop petites. Jamais mis. Juste là pour rassurer la personne qui le possède au cas où.

Un carnet de voyage : là pour accompagner. Fidèle ami, fidèle amitié. Acheter il n'y a pas si longtemps, mais déjà bien rempli. Photos, textes, dessins, gribouillages, coloriages. Toute une vie!

Un tampon hygiénique : venu de nulle part. Atterri là par hasard, esseulé parmi ces objets utilisés. Il sait qu'il doit être patient. Son tour viendra... Même plus vite qu'il ne le croit.

Un stylo orangé : très fier. C'est celui qui sort le plus souvent de sa prison dorée. En plus, il est différent parce qu'orangé, alors il se croit le meilleur, le plus fort... Mais les autres savent que sa vie sera de courte durée, alors ils rient dans son dos en pensant à ce qui va lui arriver.

Les clefs : les reines du bazar. Elles rentrent, elles sortent, elles voyagent, on les adore, on les chérit, on les appelle, on les attend, on les prie pour qu'elles reviennent. Elles font les belles habillées de tous leurs colifichets.

Rouge à lèvres

Aï Lann

Rouge-braise, rouge-fièvre
Des lèvres me susurrent des mots et merveilles

Rouge-sang
Enveloppant, envoûtant

De ces lèvres si superbement dessinées
Sort murmure, éprouve brûlures

Elles happent, elles attrapent
Et je me coule dans leur appétissante sensualité

Incandescence et gourmandise
Je ne peux y résister

Et suis totalement absorbé par ce rouge-friandise

Il ne me reste donc plus qu'à déguster... avec intensité

Tirés du sac
Albane

Un crayon Bic ordinaire, dont la coque en plastique transparente laisse apparaître une longue tige bleue surmontée d'un ergot métallique. Support de mon inspiration, je l'ai mâchonné sans pitié. Il est l'ami qui grave mes pensées sur du papier, l'animal qui me protège de mes oublis. Bien qu'à bout d'encre, sans beauté ni utilité, je m'y suis attachée.

Un portefeuille, couleur crème, petit et rectangulaire. Ordinaire, il porte un bouquet de cartes, futiles et essentielles, délivrant mon identité autant que des pièces sonnantes et trébuchantes.

Un agenda, que je ne consulte pas.

Un paquet de mouchoirs : ces bouts de papiers blancs absorbants m'accompagnent urbi et orbi. Amis précieux, ils sont la solution dans de multiples situations. Ils font disparaître perles de sueurs et gouttes de sang. Ils sèchent les larmes et soulagent les nez congestionnés.

Une enveloppe, que j'ai déposée dans mon sac il y a de cela plusieurs jours. Ecornée, elle attend patiemment de s'envoler vers une autre destinée. Cette enveloppe, si le facteur le veut, sera un jour déposée en Bretagne, et rejoindra les mains impatientes d'une jeune adolescente. Déchirée, éventrée, vidée de son contenu, elle sera alors jetée, brulée et bien vite oubliée.

L'enveloppe
Albane

A sauts d'antilope
Elle traverse l'Europe
Impatiente, elle galope
Vers sa jeune amie Pénélope

Mais un facteur misanthrope
Aux allures d'un Esope interlope
De cet élan marque un stop

Des années dans une échoppe,
Par la curiosité d'un cyclope
Réapparait l'enveloppe

L'inventaire
Elisabeth

Médicament antidouleur, anti-fièvre, antipathique que l'on tarde toujours à prendre. Il assure l'intendance face à la « bobologie » imprévue. Mais on sait bien que l'on restera avec son mal de crâne vissé aux tempes, le bas ventre qui gronde ou les dents triturées qui n'en finissent pas de bouger.

Monnaie : des piécettes résistantes s'entrechoquent au fond des trop innombrables pochettes surprise. Il y en a de beaucoup de pays, sans doute échouées de voyages exotiques. Mais que vais-je bien en faire à présent ? Et à qui sont ces profils ternis par les frottements et les usages ? Un empereur disparu, un monument qui m'est inconnu... Tiens ! Un rameau d'olivier... dites-moi, depuis quand l'argent amène-t-il la paix ?

Cell-phone High-tech : outil de communication utilisé à 10% de ses performances, et encore, pas tout à fait maitrisées. « Comment ?... Tu n'as pas reçu mon SMS ? » Diable ! J'ai encore oublié de les consulter, ou alors... je n'avais plus de batterie, ou alors... j'avais oublié le téléphone dans la salle de bain. Il faut que je mette cela sur la liste des promesses à tenir de l'année nouvelle : répondre aux SMS en moins de deux jours.

Des lunettes pour la lecture: elles me rappellent que le temps passe, et se font incontournables, bientôt greffées sur le nez pour le moindre bout de papier. Elles donnent aussi un air intello quand posées sur la tête, elles font semblant d'être oubliées.

Poème pour le Curé
Elisabeth

Cela fait maintenant des années
Qu'il balaie devant sa porte, le Curé,
Ensuite, satisfait, il retourne à son chapelet
En fermant doucement la porte de son palais

Puis il rend compte à l'archevêché
De son maigre butin imparfait
Il n'a jamais su vraiment mendier,
Faire gonfler les pièces dans son panier

Le pouvoir, ça l'effraie
On dit de lui « Bon comme le lait »
Il a juste empilé les péchés
Ainsi collectionné bien des secrets

Cela ne valait pas beaucoup d'argent
Le Curé, il donne de son temps
Tant pis pour le flouse, et les roupies
Il verra tout cela dans une autre vie.

Tirés du sac
Michèle

Un paquet de mouchoirs : indispensable ! Un nez qui coule et rien pour le secourir : inconcevable, impensable, inimaginable ! L'angoisse, la hantise, le cauchemar ! Plutôt deux paquets qu'un, pour éviter de retourner fébrilement dans tous les sens son sac, à la quête désespérée du précieux petit papier blanc et risquer de passer pour une névrosée...A défaut d'utiliser autre chose à la rescousse ! (Répugnant !)

Le téléphone portable : outil indispensable de non communication moderne lorsqu'utilisé à outrance. Ou outil de « surcommunication » narcissique sur les réseaux sociaux (« Là, tu vois, je déguste un délicieux sorbet *dragon fruit papaya* aux *chia seeds*, à *Malibu Beach* !) Ou comment ne pas s'ennuyer dans les embouteillages ! Ou encore, précieux pour capturer une vision insolite et prouver sa réalité : « Mais oui, tu vois ce troupeau de biches et de cerfs se faufiler entre les voitures sur le parking de la NASA, c'est incroyable, non ? »

Un crayon : essentiel aussi ! Sinon comment noter l'inspiration soudaine et extraordinaire qui vient de surgir sans crier gare. Ou alors s'arracher vigoureusement les cheveux de colère lorsque la fabuleuse idée a disparu aussi vite qu'elle est apparue !

Un petit cahier ou des petites feuilles éparses : pour accompagner utilement l'objet précédent, si l'on ne veut pas passer pour une adepte du tatouage. Ou bien servir accessoirement d'objet numéro un en cas d'oubli dramatique de ce dernier.

Une boîte de chewing-gum : non pas par affection particulière du mimétisme du mâchonnement de la race bovine, mais pour des préoccupations d'hygiène buccale ou dentaire lorsque la faim a été assouvie hors du cocon familial. A la menthe de préférence et très discrètement donc...

Le mouchoir
Michèle

Apaiser ou essuyer,
Consoler ou nettoyer,
Un chagrin ou une plaie.
Pour cacher ou envelopper,
Un trésor ou un secret,
De multiples utilités !
Soulageant le soir,
Les victimes du désespoir.
Accompagnant le matin,
Allergies et rhume de foin.
Elle pleure et le voilà.
Il éternue, il est là.
Relégué au fond d'un sac,
Ou empilés en vrac.
On le plie, on le tortille,
On le roule comme une bille.
On le quête,
Ou on le jette.
En soie brodée
Ou en papier,
Kleenex ou mouchoir,
Blanc ou déjà noir,
Compagnon fidèle et dévoué !
Qui pourrait s'en passer ?

7
Syllabe imposée

La basse-cour
Aï Lann

Devant le bar "Le Bazar", deux badauds bavardaient tranquillement quand soudain, Basile, le Basque, bacchantes aux lèvres, babines tombantes et torse bombé donna une baffe à Balthazar, le baba cool en tenue bariolée qui se trouvait à ses côtés. Et tout ça, pour une simple histoire de batifolage balourd ! S'ensuivit un baragouinage du balafré, puis une bagarre généralisée. Babar, le barman, un balaise, sortit accompagné de son bas-rouge, Baron, pour faire barrage à tous ces bandits barjos et barrissant. Avec son bagou légendaire, il renvoya toute la basse-cour, et les bagnards redevenus bambins, bafouillant des excuses, retournèrent à leur bagnole, les bras ballants sans bannière, ni bravoure.

Sans queue (de chat) ni tête
Albane

Sous la chaleur, à l'ombre d'une châtaigneraie, marchait chaque jour un charmant chanoine, ayant fait vœu de chasteté. A chaque pas, ricochaient entre ses doigts les perles charbonneuses d'un long chapelet. Un matin, un charlatan à la mine chafouine s'approcha. Il le bouscula et lui arracha son maigre chargement. Quel chacal ! Chagriné et fâché, il se promit de désormais se cacher à chaque bruissement. Il ne put cependant éviter de croiser le chemin d'un chamane aux yeux chassieux. Avec lui, il se chamailla. En effet, la vue d'un chat blanchâtre à la démarche chaloupée inquiéta le sorcier. Ce dernier cracha trois fois. Puis, dans un charabia mêlant chabin, charançon, geisha et chakra, il chassa les esprits charognards. Fâché par ces pratiques, le chanoine écharpa le sorcier et se faisant, écorcha son amour-propre. « De péché charnel tu tomberas, tel est ton châtiment ».

Notre homme effrayé se retrancha dans la charpente d'une chapelle. Il se cacha sous un long châle et ne décrocha plus un mot.

Un jour, le châtelain du village dépêcha pour confession leur chaperonne auprès du chapelain à l'âme charitable. Apercevant cette chasseresse aux yeux de chat, le cœur du chanoine chavira. Sa volonté flancha. Il s'emmouracha, et avec elle, pécha mille fois.

Variantes
Elisabeth

Une fois par an en Janvier, Victor rendait visite à sa vieille tante Viviane vissée à son village aveyronnais, entouré de viticulteurs ventripotents.

Enfant véloce et victime de sa vitalité, Victor virevoltait en bon vivant dans les ruelles vidées de leurs villageois en hiver. Pour s'occuper, vainement, il visait au moyen de quelques cailloux les voitures sans valeur, les vipères, les ravines… quand la virée vira au vinaigre : projectile dans le vitrail de l'église vide et vermoulue. Il venait d'éventrer la Vierge tant vénérée.

Vibrant de peur, il gagna les vignes à toute vitesse. Visiblement, personne ne l'avait poursuivi, pas même le vicaire pourtant si vigilant. « Pas vu, pas pris ».

Avisé par d'autres vilaines aventures, Victor n'avoua rien dans la voiture. Visière de casquette en berne sur les yeux, visage ainsi camouflé, il savoura le retour dans sa bonne ville de Valence.

Décidément !

Michèle

En décembre dernier, après un déjeuner dégoûtant et décevant, retardé par un débat débilitant et décousu, un député dépité et désespéré déambulait à la dérive, dans le dédale d'un débarras désordonné, dégradé par les décombres et les déchets, lorsque, déterminé, il décida de décaler son départ pour Détroit et de se débrouiller pour déléguer la déclamation de sa déclaration sur le débarquement et la décolonisation au doyen des députés. Mais ce dernier, moins débonnaire que d'ordinaire, au lieu de débiter ce qui lui était demandé, se mit à défier et à déprécier délibérément son délégateur, avant de détailler les dettes des pays en développement et de déverser des devises déplorables sur la décroissance et le dépérissement de la société. Puis dédaignant le décorum, il dévoila des décodages délirants et se déchaîna sur une danse désordonnée et endiablée ! Tout débraillé et décoiffé, il décampa enfin sans dignité et sans décence, délaissant un auditoire désemparé et décontenancé. Quelle décadence ! Le député dépité, ainsi dénigré, déclina toute responsabilité et décampa dans le désert, où il déambula déprimé, avant d'être débusqué et délogé par une délégation d'éditorialistes dépêchés pour le défendre et le disculper. Quelle délivrance !

8
« Sens » dessus dessous

Gare Montparnasse

Aï Lann

La vue

Gare Montparnasse. Il y a foule. Un soir d'été. Du monde. Beaucoup de passants toujours plus affairés. Jupes légères soulevées par les courants d'air. Costumes gris grimpant en hâte sur les marchepieds des trains bondés. Je m'assois. Mon train n'est pas encore là. L'œil fixé sur le panneau déroulant. J'attends. Tiens ! Mignon ce jeune homme à l'allure nonchalante. Marrante cette vieille dame habillée de couleurs criardes et bariolées. Dégoûtant ce chien errant qui m'effleure en passant. Ma voisine de droite lit les dernières pages de son magazine préféré. Elle prend toute la place. C'est énervant ces personnes sans gêne tout de même ! Je la pousse un peu, doucement, elle comprend le message et se retire en soufflant. Il fait chaud. J'étouffe. Un peu d'air s'il vous plaît ! Un homme sur ma gauche. Blond. Yeux verts profonds. Je perds mon stylo. Il me le ramasse. Nos regards se croisent. Je ne peux plus le lâcher ! « Ah ! Pardon ! Merci beaucoup. Euh ! Ça vous dirait d'aller prendre un café en attendant que notre train veuille bien se montrer ? »

Le toucher

Il y a beaucoup de monde ce soir-là, Gare Montparnasse. C'est l'été. Il fait très chaud. Il y a du retard. Je me faufile dans la foule. J'ai mal à la tête, je suis fatiguée. On me bouscule. Masse informe vers quoi je me dirige à contre-courant. Je veux m'asseoir. J'ai mal partout. Je suis épuisée. Enfin, je trouve un banc où il me reste une toute petite place pour m'installer. Je pousse. J'attends. Je ferme les yeux. Besoin de m'isoler. Ma voisine de droite prend toute la place. Elle veut lire son magazine préféré sans penser que d'autres ont besoin d'espace pour respirer... Je la presse, doucement. Sa peau reste collée à la mienne. Ça m'énerve. Elle comprend le message et s'écarte. Je ruisselle. J'essuie les gouttes qui perlent sur mon visage. Vite que mon train arrive je n'en peux plus. Qu'est-ce que je pourrais bien faire pour m'occuper ? Tiens ! une idée ! Je fouille mon sac à la recherche d'un stylo et d'un papier. J'ai quelque chose à noter. Zut ! Mon stylo. Je me penche pour le ramasser. Une main toute douce effleure la mienne. Je lève les yeux. Un homme d'une quarantaine d'années me le tend, sourire aux lèvres, radieux. Il ne le lâche pas. Je ne le lâche pas. « Ah! Merci beaucoup ! Pardon ! Euh ! Ça vous dirait de prendre un café en attendant que notre train veuille bien se montrer? »

L'ouïe

Il y a un bruit ! Un bruit ! Ce soir-là, Gare Montparnasse. J'avance lentement vers les quais, poussée par la cadence régulière des pas décidés. Madame parle avec son amie de l'enfant malade qui l'attend fiévreux seul à la maison. Monsieur hurle au téléphone que son train est retardé et qu'il ne pourra pas arriver à l'heure là où on l'attend. Une jeune fille s'esclaffe à l'écoute de la blague de son promis. Et moi, j'avance seule vers ce piano qui joue au milieu de ce brouhaha intense. Mais où est-il ? Il est bien là pourtant. La mélodie joyeuse commande à mes pieds de danser. Je suis hypnotisée. Ah ! Enfin, j'y suis. Ne surtout pas le regarder. S'asseoir.

Fermer les yeux. Écouter. Savourer. Hmmm ! Mais ma voisine de droite tourne bruyamment les pages de son magazine préféré. Non ! Arrêtez ! Il faut se concentrer. Oublier. Je suis emportée. La musique me berce... Aaaaah ! Mais non, ça n'est pas fini quand même ? C'est trop beau ! Svp, ne vous arrêtez pas là ! « Mais voyons, j'ai un train à prendre moi, je dois filer ». « Ah! Bon? Moi aussi, vous avez raison, je dois filer. J'allais oublier : y a-t-il un numéro où on peut vous appeler? »

L'odorat

Quelle odeur ce soir-là Gare Montparnasse ! C'est l'été. Mon nez s'affole. L'air est irrespirable, chargé d'humidité. Du gras, de la sueur et des pneus surchauffés. J'ai envie de vomir. Je me sens mal. Tiens ! Que se passe-t-il ? Un attroupement. Par curiosité, j'avance. Quelques circassiens font le spectacle. Jongleurs, acrobates, cracheurs de feu. Oui, de feu, comme s'il ne faisait pas assez chaud ici ! Et pourtant, c'est ce dernier qui attire mon attention: la vingtaine, très fin, nez aquilin, cheveux longs attachés en chignon, longue barbe blonde, yeux verts, très concentré. Il passe à côté de moi, il sent le papier brûlé et la cigarette trop vite consumée, mais un parfum lointain vient couvrir délicatement le tout. J'aime du coup. « Dites-moi, quand vous aurez terminé, vous n'auriez pas cinq minutes pour aller prendre un café avant que mon train ne veuille bien se montrer? »

Impressions d'enfance
Albane

L'odorat

A pas pressés, je me hâte. Il ne me reste plus que quelques foulées avant d'arriver. Je sens le parfum du pain qui cuit lentement dans le four et pendant toute une nuit. C'est comme si, répétée chaque jour, cette odeur avait marqué de son empreinte l'herbe, l'air, l'écorce des arbres, les pierres des chaumières et la poussière des chemins. Après avoir gravi quelques marches, je pousse enfin la lourde porte. En cette fin de journée, déjà le pétrin tourne à plein. On ne le voit pas, mais on devine son labeur à l'odeur caractéristique de la levure qui fait son travail. J'imagine de petites mains soulevant inlassablement cette masse informe et collante, tentative désespérée pour se donner à respirer.

Une voix m'interpelle. Je me retourne. Des hommes sont attablés autour de tables en formica, jouant aux cartes ou simplement discutant. A travers eux se racontent les saisons. Aujourd'hui, la terre lourde accrochée à leurs grosses chaussures parle d'eau stagnante et de feuilles mortes décomposées. De leurs bleus de travail et de leurs cheveux émanent des relents d'humidité, l'odeur du foin et des bêtes qui ne sortent plus, et en retrait mais persistante, celle d'un feu de cheminée dont le fumet s'accroche aux fibres des vêtements et de la peau.

Dérangée par ce maelstrom de senteurs végétales et humaines, j'abandonne à grands pas ce côté de la pièce et me dirige vers la partie épicerie. Là, domine l'odeur du pain. Mais ce sont les parfums des multiples bonbons qui attirent mon attention. Etalés sur le comptoir, ils m'emportent et me happent. L'odeur fruitée des boules rouges, jaunes et vertes me promet un instant de paradis. Le parfum croquant des dragées et celui enivrant des nougats met mes sens en émoi.

« Que prendras-tu aujourd'hui ? », me demande une voie rude qui m'arrache à ce plaisir. Je déplie doucement mes doigts, dévoile quelques pièces de dix sous et narines frémissantes, je tends un doigt vers un carré de chocolat parfumé au citron.

L'ouïe

A pas pressés, je me hâte. Il ne me reste que quelques foulées avant d'arriver. J'entends déjà le son étouffé des conversations animées en cette fin de journée. Je gravis bruyamment les marches et j'ouvre la lourde porte. Un carillon retentissant annonce mon entrée. Quelques têtes se redressent. Auguste me salue de sa voix de ténor. J'entends ces hommes attablés autour de tables en formica, tenant cartes à la main, tout en soupirs et sourires. Le son cristallin des verres qui se croisent retentit à intervalles réguliers, annonçant une nouvelle tournée et scellant l'amitié. Ces hommes de labeur discutent fermement les points et le temps, les labours et moissons à venir. De ce maelstrom de voix se détache parfois un éclat, comme une balle lancée dans la foule, disparaissant un instant pour réapparaitre soudainement. Je peine à démêler le fil des conversations. Je me lasse, délaisse ces hommes et me réfugie dans le calme de l'épicerie.

Face à moi se dresse un bouquet de baguettes encore chaudes et frémissantes. Elles crépitent et se fendent en de joyeux craquements. Déchaînant des trésors sonores, elles échouent cependant à m'ensorceler. Le bruissement délicat d'un papier de soie efface toute autre tentation. Dès les premières notes, je reconnais en effet cette douce mélodie.

« Que prendras-tu aujourd'hui ? », retentit une voie rude et familière.

Je déplie silencieusement mes doigts, fait sonner les pièces de dix sous et, d'un filet de voix étranglée par l'envie, énonce fièrement : « Ce carré de chocolat parfumé au citron. »

Le cadeau
Elisabeth

Lentement, la voiture avançait dans l'allée bordée d'herbes grasses et mouillées par la rosée du matin, destination bout du monde au lieu-dit « La Blairotiere ». On aurait pu croire que la voiture connaissait le chemin emprunté tant de fois par toute saison, puis viendrait le stationnement bancal dans le fossé, l'ouverture du coffre pour se chausser, et l'échappée belle de la conductrice.

En ce mois d'octobre trempé d'automne, Hélène enfila ses bottes à l'orée de la forêt. Elle respira l'air qui se dégageait des abords, observant les filaments de brume blanchâtre qui traînaient encore ici ou là dans les prairies voisines. De généreux champignons laiteux avaient fait leur apparition parmi les touffes d'herbes, et elle se promit de revenir les cueillir après sa promenade. Alors Hélène prit le rythme d'un pas lourd mais assuré pour s'inviter lentement dans cet endroit secret. Se faire oublier d'un univers, se faire accepter par un autre, en toute humilité, Hélène s'engagea sur le chemin terreux, ne demandant rien, sans opportunisme.

Les premiers rayons de soleil filtraient de biais, et jouaient avec le clapotis des feuilles résistantes. Une couche épaisse de feuillages roux, jaunes, piquetés de taches brunes s'était déjà amoncelée, et Hélène soulevait bruyamment cette promesse de vie future. Encore quelques pas, et les premiers ronciers porteurs de mûres feraient leur apparition. La tentation fut trop grande : les grappes de fruits noirs furent détachées délicatement. Hélène porta les baies à la bouche et se laissa envahir par le jus sauvage. Reprenant sa balade, elle décida de progresser cette fois anarchiquement, parmi les colonnes de hêtres et de chênes séculaires. Après un long parcours aléatoire, elle se retourna et s'assura que personne ne l'avait suivi. Et telle une imprégnation, elle s'autorisa à prendre dans ses bras, l'écorce du premier arbre venu. Son front touchait la peau râpeuse du tronc ; ses mains enlaçaient un diamètre bien trop grand, pendant que ses bottes s'enfonçaient doucement dans la mousse tendre. Hélène ferma les yeux, pour ne pas oublier.

C'est alors que le craquement d'une brindille la sortit de sa rêverie. Timidement, elle tourna la tête vers la source de la distraction. Hélène n'osa pas se détacher de l'arbre immédiatement. Le cerf la jaugeait. Ses yeux de velours se plantaient dans ceux de l'intruse. Une patte relevée, le naseau fumant de vapeurs matinales, cette masse de muscles autorisait la présence d'Hélène en son royaume. Le face à face ne dura que quelques secondes suspendues, offertes, éternelles. Alors tremblante, elle s'accroupit au creux de l'arbre et rassembla toute l'énergie de cet instant dans sa mémoire. A ce moment, Hélène aurait aimé se transformer en fougère, en renarde, en insecte pour ne plus jamais retourner dans la cohue du quotidien. Sa place était là, définitivement.

Aujourd'hui, à la maison de retraite, on l'appelle gentiment la Femme aux Arbres. Hélène vient se reposer, une main sur le tronc du seul chêne de la cour et lui raconte son secret.

Une lueur d'espoir
Michèle

Au fur et à mesure que Mary et ses amies approchaient, le visage de leur chauffeur se renfrognait. Il avait essayé, indirectement et poliment, de les dissuader d'y aller, mais elles étaient bien décidées, et rien ni personne ne pouvaient leur faire changer d'avis. Cela faisait presque plus d'une heure qu'ils roulaient. Les embouteillages les avaient certes retardées, mais elles réalisaient, à présent, combien leur destination était lointaine. Cette ville s'étendait plus qu'elles ne l'auraient imaginée. Elles croyaient pourtant avoir appris à la connaître ; certains quartiers leur étaient devenus tellement familiers qu'elles auraient presque pu s'y promener les yeux fermés. Elles avaient exploré, avec ravissement ou stupéfaction, des parties de la ville bien éloignées des sentiers touristiques, et elles étaient persuadées d'avoir tout vu ou presque, ou du moins l'essentiel. Mais la ville recélait encore des secrets bien gardés...

Au début du trajet, elles discutaient avec enthousiasme et à bâtons rompus de sujets variés, puis un silence s'était peu à peu installé, naturellement, laissant à chacune d'elle le loisir d'observer le paysage. Bercée par le cahotement de la voiture, Mary ferma les yeux et songea aux différentes expéditions qu'elles avaient menées ensemble et qui à chaque fois éveillaient leur sens, parfois de manière imprévisible. Leurs escapades dans le dédale de ruelles de la vieille ville la réjouissaient et elle sourit en se rappelant les rencontres insolites qu'elles avaient faites. Des trésors cachés se révélaient parfois soudainement à leurs yeux, comme ces anciennes demeures aux *moucharabiehs* finement travaillées, ou ces lieux de culte d'où se dégageait une impression de plénitude. Elle se vit attablée à la terrasse d'un café, sirotant une délicieuse limonade à la menthe, alors que les effluves de *foul* et de *ta3miyé* proposés par les marchands ambulants chatouillaient ses narines. Elle se souvint de leur étonnante visite dans cet entrepôt situé dans une rue sinueuse des vieux quartiers. Elle avait été ébahie par l'entassement hétéroclite de vases, de cendriers, de bougeoirs, de plats, de forme et de taille différentes, et le contact froid et si pur de l'albâtre sculptée… Elle se rappela aussi la chaleur suffocante et insoutenable qu'elle avait éprouvée dans l'antre de l'atelier d'un des derniers souffleurs de verre de la ville et l'émerveillement des objets délicats aux couleurs si vives qu'il créait avec tant d'habilité.

Soudain, elle fut tirée de ses rêveries par une forte odeur qui lui souleva le cœur. Elle se redressa sur son siège, regarda par la fenêtre et comprit qu'elles étaient arrivées. Un spectacle de désolation s'offrait brusquement à leurs regards ! Elles connaissaient bien les vifs contrastes qui existaient dans cette ville et les abîmes de disparités qui la caractérisaient. Un monde séparait d'un côté, les quartiers chics de la ville, les restaurants raffinés, les clubs privés, où une classe sociale privilégiée et des expatriés chanceux s'adonnaient aux plaisirs de vivre à l'orientale, et de l'autre, les nombreuses parties de cette mégalopole où l'abondance et les excès étaient impossibles et où la pauvreté régnait sans concession. Elles en étaient conscientes. Et quand bien même, elles avaient vu, touché ou expérimenté la réalité d'une telle misère, en différentes circonstances, elles étaient loin de réaliser la violence avec laquelle elle se dévoilait maintenant à elles.

Partout où leur regard se posait, des amoncellements de déchets difformes et nauséabonds s'entassaient au pied des immeubles de construction précaire et inachevés. De part et d'autre des routes boueuses et cabossées, des montagnes d'ordures attendaient d'être triées. Des hommes, des femmes, des enfants, en haillons, nu-pieds ou chaussés de sandales rafistolées, assis à même le sol, empilaient machinalement les détritus en amas bien distincts selon leur nature ; d'autres s'afféraient à transporter à l'aide de brouettes rouillées les restes d'une consommation effrénée. Des ânes fatigués tiraient avec peine des charrettes surchargées de résidus divers. Des rats et des cafards avaient pris possession des lieux, mais personne ne semblait s'en préoccuper. Des cochons noirs et dégarnis s'entassaient dans d'étroits enclos de fortune. Elles ne savaient plus où regarder, choquées, consternées de l'existence d'une telle misère, écœurées par ces pyramides d'immondices, honteuses d'en être les pourvoyeurs. Une atmosphère de tristesse et de résignation pesait dans ce lieu que même les couleurs avaient déserté. Tout n'était que grisaille et morosité.

Comment ces êtres humains pouvaient-ils survivre dans ce monde de souffrance et de laideur ? Comment pouvaient-ils respirer cet air lourd et fétide ? Bien que les fenêtres de la voiture fussent fermées, l'odeur répugnante, insoutenable les envahissait, imprégnant le moindre recoin de leur épiderme. Un sentiment d'impuissance et de désespoir face à une telle injustice secouait tout leur être.

Leur chauffeur n'avait pas soufflé mot durant tout le trajet ; il se contentait de leur lancer des regards furtifs empreints de désapprobation. Même s'il n'y était pour rien, il avait sans doute honte de voir ses compatriotes subir une telle fatalité et son amour propre en était blessé de la voir ainsi exposée dans toute sa brutalité aux yeux d'étrangers. Puis, la route devint soudain moins chaotique, les habitations plus espacées et les tas d'ordures moins visibles. Ils traversèrent un terrain vague et sablonneux au bout duquel se dressait un imposant mur blanc, cachant en partie le bâtiment qui se trouvait derrière. Elles étaient enfin arrivées à destination ! La voiture s'arrêta devant une grande grille noire à demi fermée. Leur chauffeur ouvrit la fenêtre et héla le gardien assis sur une chaise bancale sur le côté. Ce dernier se leva nonchalamment et poussa non sans peine la lourde grille.

Le chauffeur pénétra dans l'enceinte et gara la voiture dans la cour, où d'autres véhicules étaient également stationnés. Les membres tout engourdis, encore choquées par ce qu'elles venaient de voir, Mary et ses amies se dirigèrent vers la porte de l'édifice. Un petit jardinet bien entretenu y faisait face et l'espace d'un instant, les effluves de jasmin et de roses qui s'en dégageaient leur firent oublier l'odeur prégnante de puanteur qui les poursuivait. Une des responsables de l'association, une femme d'un certain âge, à l'allure distinguée, les accueillit le sourire aux lèvres et les invita à entrer. Du thé parfumé à la menthe venait d'être préparé et son arôme délicieux flottait dans le long couloir qui parcourait l'étage. De part et d'autre, des pièces plus ou moins grandes étaient chacune réservée à une activité en particulier. Des femmes revêtues de vêtements simples mais propres s'activaient joyeusement à fabriquer de magnifiques produits artisanaux. Elles maniaient l'aiguille avec une dextérité surprenante. Certaines tissaient des toiles de coton pour en faire des descentes de lit, d'autres tressaient de longs morceaux de tissus bariolés pour en faire des sacs aux couleurs vives, d'autres encore réalisaient des cartes et des enveloppes à partir de papier recyclé. Transformer en de pures merveilles des résidus collectés, et ainsi permettre à ces femmes de trouver une échappatoire, tel était le but de cette association. Cette dernière devait son existence à l'engagement de femmes, bénévoles, qui abandonnant, sans regret, leur confort, consacraient du temps pour enseigner leur savoir-faire et apporter un peu d'espoir. Par ce lieu de travail et de vie, elles permettaient à ces mères, femmes, ou filles d'éboueurs d'échapper à leur morne quotidien et à un lendemain déprimant. Ce havre de paix, de douceur, de joie, au milieu de tant de détresse et de laideur, leur redonnait confiance en un avenir meilleur. Mary fut prise d'une émotion soudaine et dû se retourner pour cacher les larmes qui perlaient aux coins de ses yeux. Elle était bouleversée par l'incroyable force créatrice et la profondeur de l'humanité qui se dégageaient de ces lieux !

9

« Il faut toujours viser la lune car même en cas d'échec, on atterrit dans les étoiles »
Oscar Wilde

« Thème inspiré du concours de nouvelles 2016 de la Mission Laïque Française »

Femme-mosaïque

Aï Lann

Je vais vous conter l'histoire de la résilience d'une femme dans la fleur de l'âge. C'est l'histoire de sa reconstruction suite à un assaut sauvage et barbare subi quand elle était une jolie jeune fille aux portes de l'adolescence.

Elle était femme-mosaïque. De plein de petits carrés colorés, elle était composée. Féminité-masculinité déséquilibrés. De sa sexualité volée, son tableau était éparpillé. Mille morceaux échoués dans son cœur brisé : bleu-rage, rouge-pleurs, noir-sang...

Patiemment, femme-mosaïque reconstruisit son image de l'intérieur.

Fut un temps où le mâle était victoire en elle, puis, après combats et luttes, l'homme vaincu, ou du moins laissa à nouveau parole à la femme, à l'enfant. Gratitude et Plénitude, croyait-elle. Et puis, non, à son grand étonnement, des petits bouts d'elle lui manquaient encore.

Femme-mosaïque, femme-serpent, femme-enfant, elle se découvrait, se transformait et muait peu à peu, ainsi, à l'infini, subtilement, lentement, pour l'orangée de la vie, le rose de la douceur et le jaune de l'acceptation. Oscar Wilde a dit : « Il faut toujours viser la lune, car même en cas d'échec, on atterrit dans les étoiles ».

Cette jolie jeune fille, pendant très longtemps, n'avait pu voir que le noir de l'univers intersidéral. Puis petit à petit, elle a levé les yeux au ciel et vu des étoiles y briller à nouveau. Jamais elle n'aurait pensé pouvoir réapprendre à aimer, à ressentir et à revivre la sensualité. Mais la lune a pu finalement à nouveau se faire admirer...

Il ne faut jamais baisser les bras, ce récit est un message de reconquête et d'espoir pour toutes les victimes injustement frappées, qu'elles sachent que ce qui a été pris de force peut être réapproprié. Le chemin est long et difficile bien sûr, mais il est réalisable. Visons la lune et les étoiles, car au bout du voyage renaît la Liberté…

Projections
Albane

Une étoile dans le ciel constellé s'est-elle penchée sur lui bébé ? Lui a-t-elle souri ? L'a-t-elle charmé, illuminé, ensorcelé ? A-t-il pensé un jour pouvoir la toucher, la posséder ? S'est-il imaginé une nuit la retrouver ?

Il semble en effet que sa vie éveillée se soit focalisée sur ce projet hors de portée. Sur sa table d'écolier, il a construit des avions en papier, des modèles de plus en plus élaborés. Puis il a grandi et avec lui, ses rêves aussi. De nuits sans sommeil à observer le ciel aux jours sans soleil, pierre après pierre, il a bâti son idéal. Neil était bien entouré. Ses parents l'ont accompagné, ont soutenu son ambition démesurée. Il a beaucoup étudié, beaucoup travaillé, avait aussi d'immenses capacités. Et puis un jour, sa voix a résonné : « C'est un petit pas pour l'homme, un pas de géant pour l'humanité. » Le 29 juin 1969, Neil Armstrong avait atteint la lune. De son piédestal, il admirait les étoiles.

Adrien a peu rêvé. Il s'est laissé porter, attaché au principe de réalité. Il s'est peu détaché, n'a jamais déchanté. Mais il a peu chanté, peu crié. Il s'est peu écrié, peu extasié, s'est peu mis en danger. S'il avait levé le bout de son nez, il aurait pu voir, vouloir, imaginer, se mettre à espérer, se dépasser. Il a vécu, les pieds enracinés. Il n'a jamais titubé. Ses yeux fixés sur ses pieds ont limité ses pensées. Il avait du talent pourtant. Il aurait pu émerveiller l'humanité par ses couleurs, ses corps sculptés, son imaginaire éveillé. Au lieu de ça, depuis des années, à longueur de journée, il vend du pain, du noir et du blanc.

Ses premières années, Adèle n'a pas parlé. Pour s'exprimer, elle a d'abord dessiné ses pensées aux feutres colorés. Elle a peu à peu affiné le tracé, ses lettres se sont déliées et l'habitude est restée. Enfant, elle griffonnait des petits mots qu'elle semait çà et là au gré de ses humeurs. Elle exprimait ses colères à l'encre noire, couchait ses joies sur du papier de soie. Jugée fantasque, elle enchantait la maisonnée. Ecrire était pour elle une nécessité. Elle s'est très tôt imaginée vivre de ses livres. Elle a grandi avec ce rêve enraciné. Au cours de ses études, elle a croisé la plume d'innombrables écrivains, elle a pris du plaisir. Puis, elle s'est donnée le temps d'un roman. Elle a pleuré, enterré à moitié ses belles envolées. Aujourd'hui, elle vit de sa passion. Les livres soutiennent les murs de sa maison d'édition. Cernée par les mots et leurs auteurs, elle nage dans le bonheur. Et elle attend maintenant patiemment que vienne le bon moment.

La partition des cœurs
Elisabeth

A 13 ans, Johan restait un adolescent chétif, à la peau blanche. Ses cheveux en bataille faisaient disparaître ses yeux noirs, et la délicatesse féminine de ses mains se perdaient dans les poches de son pantalon. Ne pratiquant pas de sports, il ne s'engageait pas dans les discussions à bâtons rompus avec ses semblables au sujet des derniers résultats du foot, de la coupe des coupes de la ligue internationale. Ses parents ne portaient pas beaucoup d'attention à ces disciplines non plus. Deux à trois fois par semaine, il rejoignait cependant le conservatoire de musique de la commune voisine, violon sous le bras. Pourquoi avait-il cet instrument entre les mains ? Il ne s'en souvenait plus très bien. Ah oui, l'héritage d'un arrière-grand-père qui n'avait pas eu la bonne idée d'égarer son jouet favori avec le temps. Sans grande conviction, sa vie se laissait rythmer par les répétitions, les auditions, les allers et venues de portes de maison en portes d'écoles, et autres portières de voitures.

En ce mercredi matin du 22 décembre, le directeur de l'école de musique, et non moins chef d'orchestre, se montra plus guilleret qu'à l'accoutumée. Que concoctait-il aujourd'hui ? Une fois que les élèves furent installés devant leur pupitre, Mr Beloeil leur présenta une nouvelle voix. Ce jour avant-coureur de Noël restera à jamais le plus beau cadeau pour Johan. Ses cheveux blonds relevés délicatement, elle portait une robe de velours pourpre. Enthousiaste, le directeur fit de brèves présentations, tapota sur son pupitre et les premiers sons de la voix de Natacha atteignirent tous les êtres vivants de la salle, les murs, les vitres, les partitions et les pupitres. Soufflé par tant de beauté réunie dans une seule personne, Johan se perdit dans les volutes du son qui vinrent encercler son cœur, irréversiblement. Ce jour-là, il ne put jouer parfaitement mais sur le chemin du retour, il sut que son destin était scellé à cette voix venue d'un pays lointain. Quel âge avait-elle ? Il s'en moquait. Il la rattraperait. Combien de temps resterait-elle ? Il n'en savait rien. Il la suivrait.

Les années passèrent ; Natacha continua son chemin, Johan enchaîna auditions, sur concours, répétitions sur Master class pour décrocher le prix de premier violon de l'orchestre national de Zurich. Il accompagna tant de cantatrices, sopranos, altos qui n'égalèrent jamais les notes entendues lors de son adolescence. Pour ce concert de fin d'année à Houston, du haut de ses 28 ans, Johan rejouait sa partition silencieusement dans sa tête tout en fermant les yeux. Il restait concentré dans les coulisses quand soudain, il sentit un vêtement doux le frôler. Il ouvrit les yeux et respira le parfum qui suivait la silhouette d'une femme gracile qui déjà s'éloignait sur la scène. C'était elle, Natacha. Enfin, après tant d'années d'errance de théâtres en salles de concert, il l'avait retrouvé. Elle était toujours aussi belle, avec une force nouvelle liée à une autre maturité. Natacha avançait à présent vers le chef d'orchestre, qu'elle embrassa amoureusement. Johan baissa les yeux par pudeur, ou par désœuvrement. Qu'avait-il espéré depuis si longtemps ? Le signe du rassemblement des musiciens l'entraîna au-devant de l'orchestre, et il donna ce jour-là sa plus belle prestation au violon, devant les autres instrumentistes et bien sûr, pour Natacha qui entamait sa mélopée.

Reconnaissance
Michèle

Amélia fut brusquement réveillée par la sonnerie stridente de l'alarme. Elle étendit le bras pour l'éteindre, mais sa main heurta malencontreusement la bouteille d'eau mal fermée posée sur sa table de nuit, et le contenu, un demi-litre de liquide, se déversa sur le magnifique tapis brodé de fils de soie et de laine. Amélia bondit hors de son lit et essaya de l'éponger du mieux qu'elle le pouvait. Elle revit l'air offusqué de sa mère, découvrant avec surprise la destinée fâcheuse que sa fille avait eu la mauvaise idée d'octroyer à cette œuvre artisanale exceptionnelle, dénichée chez un vieil antiquaire à Téhéran. Un superbe tapis persan utilisé en quelconque descente de lit ! Sa mère n'en revenait pas, et même si Amélia savait que celle-ci avait tout à fait raison, par esprit de contradiction, elle l'avait laissé là et elle en payait maintenant le prix ! Elle n'oublierait pas désormais de demander à Tom de l'aider à l'accrocher au mur, comme sa mère lui avait vivement conseillé.

Ce dernier allait d'ailleurs bientôt arriver et elle était loin d'être prête. Elle prit une douche rapide, choisit des vêtements sombres et sobres qu'elle rehaussa de bijoux colorés et originaux. Elle rassembla ses papiers, mit son ordinateur portable dans son sac et s'apprêtait à relire une dernière fois ses notes lorsque Tom arriva. En lui ouvrant la porte, celui-ci la vit écarquiller les yeux, hausser les sourcils et reculer maladroitement pour le laisser passer. C'était la première fois depuis qu'ils se connaissaient, qu'elle le voyait si élégamment habillé. Il avait troqué ses jeans et ses converses, son allure bobo pour un look de jeune banquier. Il portait un costume gris anthracite très bien coupé, une chemise blanche en coton et, aux pieds des Church, impeccablement bien cirés. Il avait mis de l'ordre dans sa chevelure hirsute et regardait Amélia d'un air amusé et satisfait d'avoir provoqué en elle une telle réaction de surprise et certainement d'admiration.

Ils s'étaient rencontrés, tout à fait par hasard, dans un hôpital de fortune au fin fond du Kerala, où il était venu en mission, pour le compte d'une organisation internationale, organiser une campagne de vaccination pour des enfants en bas âge des villages avoisinants. Un après-midi, alors qu'il venait de terminer sa tournée, il la vit arriver, soutenue par un homme et une femme qui l'aidaient à pénétrer dans l'entrée vétuste de l'hôpital. Elle se tordait de douleur et arrivait à peine à mettre un pied devant l'autre. Il apprit un peu plus tard, que cela faisait une semaine qu'elle visitait cette partie de l'Inde avec un groupe d'amis. Ce jour-là, ils avaient eu la mauvaise idée de s'arrêter dans un marché populaire pour grignoter des spécialités locales. Elle avait été la première à en goûter et avait tout de suite été prise d'un malaise. Elle souffrait d'une intoxication alimentaire. Il l'avait bien soigné et ils étaient devenus très vite assez proches.

Malgré la diversité de leur parcours respectif, ils partageaient les mêmes centres d'intérêt et une grande complicité les unissait. Ils pouvaient rester des heures à discuter à bâtons rompus, passant d'un sujet à l'autre, sans se lasser. Ils étaient inséparables et leurs rencontres étaient source d'émulation réciproque. Poussé par ses parents à effectuer des études de médecine, Tom s'était plié à leur volonté sans grande conviction, et avait fini par se spécialiser en pédiatrie, avant de trouver son compte en accomplissant des missions temporaires au sein d'une organisation internationale qui œuvrait pour la protection de l'enfance dans les pays du Tiers-Monde. Mais par manque de temps ou peut-être d'organisation, il avait dû laisser tomber sa passion pour le travail du bois qu'il entretenait depuis qu'il était adolescent. Amélia avait réveillé en lui cet engouement et l'avait encouragé avec insistance à reprendre sa création. Entre deux voyages, grâce à elle, il s'adonnait à nouveau à ce qu'il aimait faire avant tout : laisser son inspiration s'exprimer et aboutir à la réalisation d'objets insolites ou utiles. Elle était fascinée par son imagination, sa dextérité, sa patience. La profusion de compliments sincères qu'elle lui adressait et les cris d'émerveillement qu'elle poussait en découvrant chacune de ses nouveautés ne cessaient de le stimuler. Elle permettait à son art et à sa personnalité de s'épanouir pleinement. Quant à lui, il lui avait redonné confiance en elle, à une période de sa vie où elle ne cessait de se remettre en cause, fragilisée par les critiques incessantes de son entourage qui ne comprenait pas sa sensibilité artistique et son choix professionnel. Ainsi, ils se complétaient et ressentaient un bien-être infiniment réconfortant lorsqu'ils étaient ensemble.

Quand elle lui avait fait part de son hésitation à participer au concours annuel des meilleurs espoirs en design, il l'avait incité à le faire, s'était enthousiasmé et l'avait, pour la première fois, serré longuement dans ses bras. Elle lui avait alors montré ses croquis et expliqué les avantages de sa chaise transformable, en lui détaillant l'originalité du concept qui alliait esthétique et confort. Lorsqu'elle lui avait demandé de l'aider, il avait accepté sans hésiter. Il s'était tout de suite mis au travail, avec exaltation. Plusieurs mois de labeur acharné s'étaient écoulés et leur projet était enfin prêt.

Le résultat était impressionnant et dépassait leurs attentes. Fiers de leur accomplissement, ils allaient à présent devoir le présenter devant un jury composé des meilleurs spécialistes en la matière. La concurrence allait être rude, mais ils étaient confiants et certains de remporter un prix. Le trajet en voiture s'était déroulé dans le plus grand silence, chacun d'eux étant plongé dans ses pensées et se préparant mentalement à la présentation publique qu'ils devaient réaliser de leur objet phare. Pour elle, ce serait, vis-à-vis de sa famille, la preuve du sérieux de son travail. Pour lui également, qui avait tant souffert de l'incompréhension de ses parents, ce serait enfin la valorisation de sa passion.

Ils avaient tous les deux donnés le meilleur d'eux-mêmes. Poussés par ce besoin de reconnaissance, ils s'étaient surpassés et avaient touché le jury tant par l'originalité que par l'utilité de leur objet. Leur magnifique prestation, si réussie et vivement applaudie ne leur avait laissé aucun doute sur l'issue du concours. Mais quelle ne fut leur déception et leur désarroi, lors de l'annonce des résultats ! Ils ne remportaient pas la victoire et n'étaient même pas qualifiés pour la deuxième ou troisième place. Amélia eut beaucoup de peine à retenir ses larmes et essaya de garder une attitude digne, malgré sa consternation. Tom n'y comprenait rien et faisait tout son possible pour conserver son sang-froid lui aussi. Leurs regards se croisèrent et ils se levèrent ensemble pour partir. Alors qu'ils se dirigeaient, silencieux, abattus, vers la porte de sortie de la salle, quelqu'un les héla et accourut à leur rencontre. Sans leur laisser le temps de prononcer un mot, il les félicita avec engouement, et leur proposa la fabrication et la mise sur le marché de leur création. Il leur offrait même de signer le contrat sur le champ. Les deux amis n'en revenaient pas ! Un des plus grands noms du design leur offrait une opportunité extraordinaire : faire connaître au monde entier leur œuvre commune ! Quelle merveilleuse récompense !

10
Amalgame – abbé – grigri – Inuit – kermesse – kitsch – zénitude – kiwi – sérénité - bravo

De ratures en écritures, textes d'improvisation

Croyance

Aï Lann

Sur le marché de la kermesse annuelle, Mr L'Abbé venait serrer les mains de ses administrés. Au Temple de la *zénitude* se vendaient sur les étals tout en vrac : kiwis, grigris et toute sorte d'objets plus kitsch les uns que les autres et même de l'artisanat Inuit, c'est pour dire… Tout amalgame devait être évité, mais comment ne pas y songer ? Commerce farfelu et sérénité d'un lieu de culte ne faisaient pas bon ménage, me semblait-il, mais bon, Mr L'abbé était content de voir autant de monde à la porte de son église, alors il tapa dans ses mains, un large sourire aux lèvres et dit « Bravo ! Et merci » devant toute l'assistance réunie. Qu'est-ce qu'il ne fallait pas faire pour attirer les foules et se faire aimer, me dis-je ?

Histoire rocambolesque
Albane

Monsieur l'abbé, je vous assure, j'ai enfin retrouvé *zénitude* et sérénité. Je me suis déjà confessé. Ma vie n'était qu'un triste amalgame d'expériences décousues. J'ai consulté moult spécialistes et reçu de nombreux gris-gris pour me soigner de ma mélancolie. Sur les conseils d'un marchand de rêves un peu kitsch, j'ai même avalé un régiment de bananes et son armée de kiwis. Mais mon désespoir était profond et les remèdes vains.

Il aura fallu que le hasard s'en mêle. Bravo au maître de l'improvisation ! Ce matin, en effet, mon regard a croisé le chemin de deux perles noires au détour d'une kermesse. Elles ont roulé longtemps avant de s'arrêter sur moi et m'ont souri. Elles m'ont parlé en langue inuit et ont guéri mon âme aujourd'hui.

« Trop la honte… »
Elisabeth

Et bien Bravo ! Papa avait eu la bonne idée d'inviter l'abbé François à la kermesse de l'école ! Certes, ce rassemblement annuel avait des airs un peu kitsch, mais il regroupait tous les copains du lycée. Comme à son habitude, l'abbé portait son chapelet de bois autour de la taille, tel un gri-gri, et ceci en toute sérénité au milieu de la foule de mes amis. Autant faire participer un Inuit à un spectacle de claquettes en Autriche !

Il m'a fallu faire appel à mes dernières séances de yoga, pour démontrer un semblant de *zénitude* quand l'abbé s'approcha de moi. Après quelques mots de politesse, je lui proposai de partager un plateau de fruits contenant raisins, bananes, ananas, et autres kiwis. Surtout ne pas faire l'amalgame entre ce dernier fruit hirsute et la barbe de ce fauteur de troubles. Sinon, c'était le fou-rire assuré devant mon père qui m'observait du coin de l'œil.

Amalgame
Michèle

L'abbé Martin, le ventre bedonnant et le visage rougi par le froid (ou par le bon vin), se tenait bien droit sur le parvis de l'église. Il contemplait avec satisfaction le spectacle qu'offrait la place du village : tout était enfin prêt pour la kermesse annuelle. Les tables blanches soigneusement alignées et les stands de jeux bien garnis allaient voir déferler, dans quelques heures, petits et grands, impatients de vivre une journée animée et divertissante. La sérénité dégagée par le silence régnant laisserait bientôt la place à des cris de joie et à des conversations bruyantes et enthousiastes. « Une ambiance très kitsch », se dit le vieil abbé, « mais tellement attendue par les habitants de ce coin perdu en plein milieu de la campagne, qu'on ne peut les en priver… ».

Soudain, l'abbé sentit une main se poser fermement sur son épaule. Il se retourna brusquement, surpris d'être ainsi importuné dans cet agréable moment de contemplation. Quel ne fut son étonnement, en se retrouvant nez à nez avec un homme de petite taille à la peau basanée et les yeux en amande ! Celui-ci avait un accoutrement des plus originaux, mais l'abbé avait la vive impression de l'avoir déjà aperçu quelque part. Eh oui, son allure lui rappelait l'image de l'Inuit, dans le grand livre d'histoires sur les différents pays du monde, dont ses petits neveux réclamaient la lecture à chacune de ses visites hebdomadaires.

Ce personnage, qui portait des vêtements en peau de bête, et autour du cou, un grigri de dents d'ours polaire retenues par un cordon de couleur vert kiwi, et qui semblait ainsi tout droit sorti de cet ouvrage, était accompagné d'un homme qui lui ressemblait, mais qui s'adressa à l'abbé avec un français impeccable.

-« Bonjour monsieur le Maire, lui dit-il, nous sommes ravis de vous rencontrer et merci encore de nous accueillir en invités surprises de votre petite fête ! »

Il n'en fallut pas plus pour sortir l'abbé de ses gonds « Eh bien bravo ! Quel amalgame ! Prendre ainsi l'abbé du village pour le maire ! » Offusqué, contrarié, l'abbé tourna les talons et s'engouffra dans la petite église en bougonnant, laissant là les deux visiteurs hébétés.

11
Et si on se faisait peur ?

L'assassin

Aï Lann

J'étais assise nonchalamment sur le canapé noir du salon. Cheveux en bataille, yeux rougis, je venais de me réveiller d'une sieste bien méritée. Après quelques secondes passées dans une semi-conscience vaporeuse, je m'étirai comme un chat et baillai une dernière fois.

Mon regard se porta soudain sur le mur en face de moi. Se tenait fièrement accroché un tableau qui représentait un paysage champêtre. Des montagnes en toile de fond, un lac, une barque au loin, lors d'une belle journée d'été. Rien de bien extraordinaire. Mais j'aimais ce tableau offert par ma mère afin que je n'oublie pas les heureuses années passées là-bas, lorsque j'étais enfant. J'aimais ce tableau, mais tout à coup, alors qu'il m'avait toujours paru extrêmement familier, j'éprouvais désormais une sorte de malaise... L'inquiétude me gagna... Quelque chose avait changé. La barque étonnamment s'était rapprochée. J'en étais sûre. Pas de doute possible. Elle avait changé de place. Elle n'occupait pas le même espace sur cette toile. Je me levai d'un bond et m'avançai. Comment était-ce possible ? À part la barque, rien n'avait bougé. Je restai longtemps à observer cette image dans les moindres détails, dans l'espoir de comprendre. Après un long moment figé, mes yeux ont commencé à picoter. Je me suis mise à m'interroger. Suis-je mal réveillée ? Suis-je toujours en train de rêver ? Allez, reviens à la réalité. Ferme les yeux. Puis regarde encore. Je me mis de nouveau à fixer le tableau. Incroyable ! La barque avait encore avancé, à tel point que désormais on pouvait apercevoir une silhouette à l'intérieur. Un homme, semblait-il, coiffé d'un chapeau. Je tentai une nouvelle fois l'expérience par curiosité. Vingt secondes d'obscurité et hop ! Extraordinaire ! La frêle embarcation s'était déplacée. Le soleil était plus brillant et m'éblouissait maintenant. Je parvins malgré tout à distinguer le personnage entrain de ramer, un long objet posé à ses côtés. Que cela pouvait-il bien être ? Dix secondes : noir, puis lumière. Le rameur était tout proche maintenant, au premier plan. Il portait désormais le fusil vissé sur son épaule. Ah ! J'eus un mouvement de recul et d'effroi, il pointait le canon vers moi. Je regardai son visage et découvris mon ex-petit ami quitté quelques mois plutôt. Il était en furie. Il n'était plus temps de jouer maintenant. Je me retournai pour fuir, quand tout à coup… Bang ! Obscurité ! Douleur ! Je sentis la balle me toucher en plein cœur...

Inspiré du texte de Jacques Steinberg, « La Photographie », dans *Histoires à mourir de vous.*

Terre maudite
Albane

Je me réveillai ce matin en sursaut et en sueur. Une angoisse sourde et oppressante m'étreignait. Je ne me souvenais de rien. Cette amnésie n'était pas inhabituelle. Pourtant, jamais je n'avais ressenti jusqu'alors un tel sentiment de malaise et d'effroi. Je me levai rapidement et pris une longue douche salvatrice. Elle calma mon esprit et desserra l'étau qui étreignait mon cœur. J'avais un rendez-vous important aujourd'hui. J'allais devenir propriétaire. Ce bout de terrain que j'avais convoité depuis tant d'années allait devenir mien.

J'avais rencontré cette terre par hasard, lors de mes promenades régulières en bord de mer. La première fois, elle s'était parée de ses plus beaux atours. Elle portait alors un tapis de mousse verte bordée d'ajoncs d'un jaune lumineux et de remarquables chardons au toupet couleur bleu-océan. Le soleil rasant de cette fin d'après-midi accentuait les contrastes et affirmait son caractère sauvage. Le clapotis délicat des vaguelettes embrassant la falaise en contrebas m'ensorcelait comme le chant des sirènes. Dès lors, je passais tous mes congés à proximité. Je revenais chaque année sur ces lieux fidèlement, religieusement.

Le mois dernier, son propriétaire mit en vente le terrain. Son sort fut scellé rapidement. Il m'appartiendrait désormais. Les papiers notariés précieusement déposés dans ma chambre d'hôtel, je n'eus alors plus qu'une idée : rejoindre ma propriété. J'enfilai mes baskets, glissai un manteau bien chaud sur mes épaules et descendis précipitamment les escaliers. La réception était vide. Je déposai les clefs à l'endroit indiqué. Je courus les premiers kilomètres. A bout de souffle, je m'arrêtai. Un méchant point de côté enfonçait sans retenue son épée au cœur de mes entrailles. J'attendis la fin de l'assaut puis je repris mon chemin avec entrain. Enfin, je le vis.

Je sortis du chemin côtier, franchis le muret de pierre et pénétra dans ce petit paradis. Pris d'une soudaine impulsion, je m'allongeai à même le sol. Je fus alors envahie par d'étranges sensations. Sans en prendre conscience, je m'endormis. Je restai des heures plongée dans un sommeil profond.

Ce fut le hululement d'une chouette à la nuit tombée qui réveilla mes sens. Je me levai aussitôt. J'étais confuse. Quatre kilomètres me séparaient de ma chambre d'hôtel. Par chance, la lune était pleine et éclairait mes pas. J'eus soudain l'impression d'être suivie, ou plus justement, accompagnée. Je m'arrêtai à de nombreuses reprises, scrutant de mon mieux les alentours. Aucun obstacle ne heurtait mon regard, ni arbre, ni animal, ni homme malveillant. Je continuai mon chemin.

Contre toute attente, j'aperçus au loin une présence. Elle allait d'un pas rapide. J'hésitai à l'appeler, mais y renonçai finalement. Je repartis, désireuse de retrouver au plus vite le confort de ma chambre. Le temps semblait s'étirer à l'infini. Par malchance, ma montre s'était arrêtée et je n'avais plus conscience de l'heure. Personne ne m'attendait. J'avais prévenu amis et famille de mon absence, précisant qu'elle allait durer quelques semaines voire quelques mois. J'avais pris un congé sabbatique.

J'avais en effet l'intention de poser au plus vite quatre murs. J'avais échafaudé mille plans, défait et refait mille fois l'agencement. J'avais finalement accouché d'un projet et allais rencontrer demain le chef de chantier.

Je sortis de mes pensées, étonnée de ne pas être déjà arrivée. J'aperçus au loin un muret. Je le reconnus. C'était incompréhensible. Je ne pouvais être revenue sur mes pas. Je dressai l'oreille. Un silence de mort m'entourait.

Soudain mon rêve se réveilla. Et enfin je compris…

Chute bretonne
Elisabeth

Cette fois-là, ils étaient venus à deux à la ferme de Philippe. Deux agents commerciaux flambants neufs pour vanter les mérites de produits d'élevage porcin nouvellement fournis sur le marché en 2015. Philippe avait tout d'abord refusé de changer l'alimentation de ses bêtes nourries aux flocons enrichis en éléments végétaux. Mais il fallait se rendre à l'évidence : face à la concurrence des pays émergents, à la réduction des aides européennes et aux charges agricoles qui ne cessaient d'augmenter, où pouvait-il encore trouver des sources de rentabilité ?

Chaque jour aux aurores, il se levait pour nourrir, inspecter et aussi, gratouiller les oreilles de ses cochons qui grandissaient dans des conditions d'exploitation exemplaires. Alors il avait accepté ces nouveaux granulés de chez Mercanto, proposés à des tarifs imbattables. « Grâce à ces nouveaux produits, nous vous garantissons une croissance de 1.25 par tête, tout en conservant les normes de qualité de viande », avaient-ils décliné dans leurs arguments de vente. Et les cent cinquante cochons avaient à présent dans leurs auges des granules « High Tech » dont ils se régalaient tout autant. Philippe les observait se nourrir, non sans une pointe de satisfaction quant à sa décision. Sa fille de dix-huit ans voulait partir sur Paris, pour continuer ses études. Il allait se priver encore un peu et elle pourrait choisir son avenir.

Au bout de quelques mois, il remarqua que l'élevage devenait de plus en plus bruyant, et en fit part à son assistant, Jean, qui haussa les épaules pour toute réponse. Les bêtes se développaient plus rapidement et permettaient un renouvellement du cheptel appréciable. Les verras grossissaient à vue d'œil, multipliant leurs progénitures rapidement. Il avait fallu installer de nouveaux procédés de nettoyage et d'évacuation plus performants face à cet accroissement miraculeux. Mais la nervosité des animaux apparaissait de plus en plus évidente. Certains d'entre eux montraient des yeux injectés de sang, d'autres grognaient tout en se bousculant sauvagement. Il faut dire aussi que l'on avait dû augmenter temporairement le nombre de porcs par compartiment. De ce fait, leur promiscuité favorisait un dangereux piétinement. Et puis étrangement, après quelques jours de dénombrement rigoureux, Philippe constata que des bêtes venaient à disparaitre. Il avait eu beau les recompter ; des porcelets manquaient...

Ce jour-là de décembre 2016, comme chaque matin, Philippe se rendit dans le bâtiment. En distribuant les granules, il observa que la source automatique en eau d'un box était bloquée, et décida de la réparer avant l'arrivée de Jean. Il posa sa casquette sur le porte-manteau et entra dans le compartiment. Le portail rabattu, il ne remarqua pas que le loquet de sécurité s'était refermé derrière lui, et tout occupé à repousser les cochons affamés, il tenta de se frayer un chemin. Mais soudain le ton monta. Philippe comprit qu'il fallait sortir, vite.

Sa botte en caoutchouc dérapa.

Il ne reste que la casquette accrochée au porte-manteau pour témoigner que Philippe nous a quittés.

Inspiré du livre d'Aurélien Bernier, *Transgénial !*

Angoisse
Michèle

En enlevant son écharpe, Alicia remarqua le téléphone portable de son mari sur la petite table dans l'entrée. Il avait dû le poser lorsqu'il avait enfilé son manteau et il l'avait oublié là. Elle sortit précipitamment et courut derrière la voiture en faisant de grands signes. La jeep s'arrêta enfin, au bout de l'allée, et elle put remettre à son époux l'objet devenu indispensable.

La nuit était claire, comme un soir de pleine lune, mais il faisait un froid glacial. Le vent soufflait fort, et Alicia, qui n'avait qu'un châle sur les épaules, frissonna. Elle attendit devant la grille jusqu'à ce que la voiture ait quitté son champ de vision, puis elle s'engagea hâtivement sur l'étroit chemin caillouteux qui menait jusqu'à la maison.

En arrivant devant la porte, elle réalisa que celle-ci était fermée. Elle tourna la poignée machinalement, avant de se rappeler qu'ils avaient changé la serrure, la veille, pour des raisons de sécurité, et qu'il n'était désormais plus possible d'ouvrir la porte de l'extérieur. Prise de panique, elle fit rapidement le tour de la maison, avec le vif espoir de trouver un moyen d'y entrer. Mais son mari et elle avaient pris soin de fermer tous les volets du rez-de-chaussée et de l'étage, comme ils le faisaient à chaque fois qu'il devait la laisser seule, pour assurer les urgences dans la clinique du village.

Lorsqu'ils avaient définitivement quitté la ville, à la fin du mois de juillet, trois mois après son accouchement, pour venir s'installer en pleine campagne, il lui avait promis que son travail ne l'accaparerait plus autant qu'avant. La décision de quitter l'hôpital pour venir exercer dans cette petite structure médicale correspondait à la façon dont il concevait sa vocation de médecin et semblait être la meilleure option qu'il pouvait proposer à sa famille. Une vie saine, en pleine nature, les paysages magnifiques qui les entouraient, la plus grande disponibilité de son mari, la gentillesse de leurs voisins, tout semblait les conforter dans leur choix. Elle en avait constaté les bienfaits jusqu'au mois dernier, où les deux autres médecins qui travaillaient avec son époux avaient dû s'absenter, l'un à la suite d'une jambe cassée après une mauvaise chute dans les escaliers, et l'autre en raison d'un différend familial qu'il devait aller régler, à l'autre bout du pays. Son mari s'était alors retrouvé seul à accueillir tous les patients de la journée et à assurer les urgences jusqu'à l'aube. Si, pendant la journée, elle se sentait parfaitement en sûreté dans leur maison, le soir, elle redoutait de se retrouver seule, depuis qu'une série de vols avait eu lieu dans le voisinage, durant la nuit. Pour ne pas tenter d'éventuels cambrioleurs, elle prenait donc bien soin de se barricader. Mais voilà que maintenant, elle était comme prise à son propre piège.

Si seulement ils avaient oublié de fermer un des volets, elle aurait ramassé une grosse pierre et aurait cassé la vitre. Elle se mit à taper violemment contre les fenêtres fermées mais dû vite se rendre à l'évidence : elle n'avait aucun moyen de les ouvrir. Une multitude de pensées se succédait dans sa tête : son bébé, seul, là-haut dans sa chambre, le feu de la cheminée, les bougies encore allumées sur la table de la salle à manger où ils avaient dîné et célébré les six mois dans leur nouvelle maison…

Que faire ? Elle n'avait même pas son téléphone sur elle pour appeler à l'aide. Si seulement, elle l'avait laissé dans sa poche, elle aurait pu alors patienter quelques minutes en faisant les cent pas devant la maison, en attendant que les secours arrivent. Quelle inconscience d'être sortie brusquement sans s'assurer qu'elle pourrait rentrer à nouveau !

Son incapacité à agir face à cette situation, dont elle aurait pu rire, si seulement son enfant si petit et si fragile n'était pas enfermé là-dedans et si elle avait pris soin d'éteindre les bougies et le feu de cheminée, la rendait folle. Elle avait l'impression que tous ses membres étaient soudain paralysés et que sa tête allait exploser sous le poids d'une énorme pression brûlante qui envahissait tout son corps. Elle avait envie d'éclater en sanglots mais les larmes refusaient de couler. Elle avait envie de crier mais aucun son ne sortait de sa bouche. Que pouvait-elle faire, prisonnière hagarde et désespérée, devant sa propre maison ? Elle fut prise de tremblements incontrôlables, tout son être était secoué par cette angoisse galopante qui semblait l'étrangler. Malgré le froid, des gouttes de sueur perlaient à son front. Mais il fallait qu'elle se ressaisisse, elle ne pouvait pas rester là toute la nuit à se morfondre. Elle devait agir rapidement. Alors qu'il y a à peine quelques minutes, le moindre mouvement lui paraissait être un effort insurmontable, une force étrange la saisit soudain et elle se mit à courir aussi vite que possible.

A peine quelques kilomètres la séparaient de ses plus proches voisins, à qui elle avait remis un double de sa clé le matin même, et la perspective de voir enfin une issue à cette terrible situation lui redonna du courage. En une vingtaine de minutes, elle y serait. Elle implora le ciel de protéger son enfant et accéléra sa course. Elle avait décidé de traverser le bois, en bas de la colline, au lieu de prendre la route, pour gagner du temps et comptait sur l'éclat de la lune pour l'éclairer. En dévalant la pente, elle pouvait déjà apercevoir les lumières de la ferme de ses voisins : cinq minutes à vol d'oiseau, si seulement, elle pouvait voler, juste cette fois-ci ! Voilà qu'elle arrivait maintenant à l'orée de la petite forêt. Elle en connaissait presque chaque recoin pour s'être si souvent promenée là, mais toujours en plein jour. Elle eut un moment d'hésitation, les arbres majestueux qu'elle ne cessait d'admirer lors de ces balades, semblaient à présent la menacer et leurs longues branches sinueuses et noires paraissaient vouloir la retenir. Mais elle essaya de se rassurer en mettant sur le compte de son imagination les ombres qui dansaient frénétiquement autour d'elle. « Ce n'est que le vent qui les agite si violemment », se dit-elle. Elle reprit sa course. Mais à mesure qu'elle avançait dans cet environnement qui se révélait hostile, la lumière s'atténuait et elle trébucha à plusieurs reprises. A force de repousser les branches et les ronces pour se frayer un passage dans cette obscurité grandissante, ses mains étaient toutes égratignées et la brûlaient. Son cœur battait si fort qu'il lui martelait la tête. Exténuée, elle s'arrêta quelques instants pour reprendre son souffle. Mais elle eut soudain la désagréable impression que quelqu'un l'observait. Une présence inquiétante se tenait tout près d'elle. Terrorisée, elle croisa ses bras contre sa poitrine, baissa la tête et avança aussi vite qu'elle le pouvait. Elle entendait à présent comme des gémissements sourds et effrayants qui lui glacèrent le sang. Elle se remit à courir, tomba, se releva et déboucha enfin sur une clairière. La lune toute ronde et blanche était à nouveau visible et elle n'était plus très loin à présent. Elle ressentit à nouveau l'angoisse d'un danger imminent et en quelques secondes comprit que sa fin était proche. Pétrifiée, son regard discernait maintenant la meute de loups qui l'encerclait. La gueule ouverte, ils la fixaient et semblaient avancer lentement vers elle… Soudain, un cri strident vint briser le silence terrifiant de cette nuit étoilée. Alicia sursauta. Le feu crépitait dans l'âtre, devant elle. Bercée par la danse des flammes, elle s'était tout simplement assoupie et avait encore fait cet horrible cauchemar. Les pleurs de l'enfant qui réclamait avec insistance sa tétée l'avait réveillée. Encore tremblante, Alicia parcourut du regard la pièce où elle se trouvait et fut soulagée en constatant que tout était à sa place. Elle se leva, éteignit les bougies, se dirigea vers la porte d'entrée pour vérifier que celle-ci était bien fermée, et monta l'escalier en courant. Au loin, une sirène d'ambulance hurlait...

12
Un conte, nouvelle version

Et ils vécurent heureux...

Aï Lann

Il était cyclope, il était laid, il faisait peur cet homme qui sommeillait. Qui oserait jamais réveiller ce géant assommé ? Et pourtant, un jour, une petite fluette, une gentillette, s'en est approchée à petits pas feutrés. Elle n'a même pas frissonné. Elle l'a simplement regardé avec attention, puis lui a déposé un baiser sur le front. Tout à coup, il a ouvert son œil solitaire, étonné par sa chair. L'ogre monstrueux et la petite follette ont commencé ainsi un petit bout de chemin hasardeux, car ils savaient tout deux qu'il suffit d'un tout petit rien pour allumer la flamme des amoureux.

Ma très chère sœur
Albane

J'espère que tu te portes bien et que ta petite Aglaé s'est remise de cette méchante grippe. Quant à moi, je suis un peu triste aujourd'hui. Nous venons d'enterrer Mr Seguin, un bon ami de papa. J'ai aussi rencontré sa fille Annabella. Nous avons beaucoup parlé. Figure-toi que nous étions toutes deux en classe de maternelle avec Mme Chèvre. Je n'en ai plus l'once d'un souvenir. Elle, par contre, m'a rappelé notre grande amitié. Elle m'a raconté nos jeux, nos chamailleries et nos réconciliations. C'était surprenant de vie. C'est que la mort a bien vite percuté l'existence de cette petite fille ordinaire. Avide de se décharger du poids de ces lourdes années, elle m'a raconté son passé singulier. Sa mère est en effet décédée à l'époque, ainsi que son petit frère. Ils ont croisé la route d'un chauffard et n'ont pas survécu. Ivre de douleur, Mr Seguin a alors retiré Annabella de l'école et l'a surprotégée. Elle m'a raconté l'isolement, ses tentatives avortées pour se libérer. Il lui disait l'aimer trop pour l'exposer aux dangers de la rue et des inconnus. Une fois pourtant, elle s'était échappée. Surprises, nous l'avions croisée au détour d'un chemin. Avide de nous connaître, elle ne cessait de nous questionner. Nous avions longuement discuté. T'en souviens-tu ? Son visage rayonnait. Elle n'était pas restée, très vite rattrapée par le bras de son père. Nous avions à l'époque questionné papa. Il s'était dérobé. Nous apercevions parfois l'ombre d'Annabella dans l'encadrement d'une fenêtre. De sa tour d'ivoire, elle entendait nos rires d'enfants. Elle était le témoin caché de nos discussions animées et de nos querelles éventuelles. Elle mourrait de nous retrouver. A dix-huit ans, Annabella s'en est allée. Devenue reporter de guerre, elle défiait par son métier un père qu'elle ne voyait plus. Que c'est triste ! Je pense à cet homme que le malheur a frappé, à sa fille qu'il n'a pas épargné. Papa avait raison quand il nous répétait que la peur n'évite pas le danger. Sans pour autant l'ignorer, il nous incitait à ne jamais cesser de vivre pleinement et librement.

Quoiqu'il en soit, Annabella et moi nous sommes promises de nous retrouver, peut être cet été. J'aimerais que toi aussi tu la rencontres.

C'est déjà une bien longue lettre que je viens de t'écrire. Je vais te laisser en t'embrassant bien fort.

A très bientôt,

Anaïs

Qui suis-je ?
Elisabeth

Pour cette soirée à thème, une longue robe blanche arrêtée à la cheville et corsetée d'un bustier noir fera l'affaire. Mes lèvres sont naturellement trop rouges alors pour leur ajouter de la lumière, je tire un trait de gloss. Debout sur mes dix-huit ans, je chante devant le miroir de la salle de bain. Il paraît que ma beauté naturelle fait des envieuses. Pourtant, je n'ai jamais provoqué qui que ce soit.

Ma vie bascule ce soir-là.

L'ambiance dans la boîte de nuit bat son plein. Malgré la foule, je crois remarquer que cet homme m'observe depuis quelques temps. Je n'y prête pas plus attention pour ne pas l'inciter à prendre contact avec moi, et préfère danser modestement. C'est ma première soirée. Après quelques morceaux de musique endiablée, je décide de rejoindre les sanitaires pour vérifier mon allure. L'homme à la silhouette de bûcheron est de nouveau proche de moi, dans l'escalier, me regardant avec obstination. Et c'est avec effroi, encore aujourd'hui, que je me rappelle des mots qu'il prononce : « Je vais t'arracher le cœur ». Je prends peur, remonte subitement les escaliers, bouscule violemment les gens, pousse les portes de la salle et monte dans ma voiture. Je démarre sans tarder. Vite, partir d'ici car je sens le danger qui rôde. Ma tête mise à prix.

J'accélère dans les ruelles de la cité ; gauche, gauche, droite ; je ne m'arrête plus aux feux. Des groupes de personnes tentent de stopper ma conduite mais ils me terrorisent avec leurs guirlandes de fête qui s'accrochent à ma voiture. Le cœur de la ville s'éloigne mais je continue ma course, épuisée par l'émotion. Je ne sais plus où je suis. Je vois ce chien à la dernière minute ; coup de volant ; dérapage ; le mur se rapproche vite, trop vite. Premier *blackout*. Des sirènes jusqu'aux urgences.

Je suis allongée sur une civière mais j'ai le temps de compter sept personnes vêtues de blanc qui courent auprès de moi. Un barbu à lunettes donne des ordres aux autres. Il est calme, compatissant à mes douleurs.

Un autre plus timide me tient la main. Celui qui éternue suspend une poche à mes côtés. Il me semble qu'un plus grincheux conteste sa présence après de longues heures de garde. Les pulsations faibles de mon cœur sont enregistrées. Et puis plus rien. Un fluide se répand dans mon sang ; est-ce du poison ? Je m'endors doucement, durablement sur un lit tapissé de draps bleus. Je reste ainsi longtemps, des jours ou des mois. Je sais juste que l'on me rend visite ; on me touche ; on me pleure. Mes yeux restent fermés et me laissent dans une torpeur comateuse.

Ce matin-là, il entre dans la pénombre de ma chambre et tente le tout pour le tout. Pour la seconde fois, on m'injecte un élixir de vie ou de survie. Une onde de chaleur se propage dans mon corps, et j'attrape ce qui se présente à ma portée. Sa main reste un moment dans la mienne. Elle est forte, pleine d'espoir de réveil.

Mes yeux s'ouvrent enfin sur son visage encadré de cheveux noirs. La vie reprend ses droits.

Les cochons et le loup
Michèle

Il était une fois trois petits cochons, qui, s'ils se ressemblaient comme trois gouttes d'eau, avait chacun, cependant, une personnalité bien distincte. Mais malgré cette dissemblance, ils s'entendaient à merveille et vivaient heureux chez leurs parents, ne se souciant de rien, profitant de chaque instant d'une vie douce et paisible.

Par un beau jour ensoleillé, égayé par le chant de la cigale leur voisine, un événement, dont ils ne se doutaient guère, vint perturber leur quotidien douillet, dans leur jolie maison de la prairie. Leurs parents les convoquèrent, en effet, tous les trois, et leur tinrent cet émouvant discours (même l'individu le plus insensible en aurait les larmes aux yeux !) : « Chers enfants, nous vieillissons, et ne seront bientôt plus en mesure de continuer à nous occuper de vous ainsi. Il faut vous y préparer. Il est temps désormais de penser à votre avenir, de vous trouver un travail et de construire votre propre maison ». Et de conclure : « *Sine labore non erit panis in ore* », « Sans travail, il n'y aura pas de pain dans ta bouche » !

Les trois petits cochons, devenus assez grands, il est vrai, pour se prendre en charge, ne purent non plus retenir leurs larmes, et après moult étreintes et embrassades, s'en allèrent, bon gré mal gré, chercher leur gagne-pain, chacun de son côté.

L'aîné, sérieux et travailleur, trouva sans peine : bûcheron les jours pairs, maçon les jours impairs, il ne chômait pas, même en fin de semaine. Pour arrondir ses fins de mois, il eut ainsi l'idée, d'aménager sur le chantier de construction de sa maison, une structure inédite proposant des bains de boue, qui comme tout le monde le sait, offrent de multiples vertus thérapeutiques. L'idée plut, énormément, et l'affluence des clients ne diminuait pas, bien au contraire ! Le succès rencontré lui permit d'ériger une magnifique demeure en pierre de taille, qui aurait ébloui Léonard de Vinci lui-même.

Le cadet, moins dégourdi que son frère, et un peu timoré, il faut l'avouer, eut plus de mal à faire carrière. Sa docilité, sa discrétion et sa bonne humeur lui permirent cependant de gagner la confiance et l'amitié des personnes qu'il rencontrait. Celles-ci lui concédaient la réalisation de menus travaux, en échange de rémunérations diverses, le plus souvent en nature, qui lui permirent d'abord de subsister dignement, puis de bâtir progressivement, avec l'aide de son frère bûcheron, une charmante petite maison en bois.

Quant au benjamin, il en fut tout autrement. Poète et musicien, il avait soif d'aventures et d'expériences inédites. Après avoir parcouru le monde, guitare au dos, exploré les moindres recoins de la planète, vécu d'amour et d'eau fraiche, il revint finalement près des siens. Ses frères lui manquaient et il décida de s'établir près d'eux, et avec le peu de moyens qu'il avait, de construire une modeste maison de paille.

Lorsque le loup eût vent de l'installation des trois petits cochons en lisière de forêt, il prit ses jambes à son cou, et plus rapide que l'éclair, se retrouva aussitôt devant la maison de paille. Il était affamé et se régalait d'avance du bon festin qui l'attendait. Mais il ne voulut pas immédiatement effrayer sa future victime, et adopta une stratégie d'approche un peu plus civilisée, qui, pensait-il, serait plus efficace pour en venir à ses fins.

C'est ainsi qu'il frappa d'abord à la porte bien poliment, mais celle-ci resta close. D'une voix mielleuse, il supplia alors le petit cochon de lui ouvrir, mais celui-ci n'en fit rien. Finalement, il se plaqua tout contre la porte et lui susurra : « Gentil petit cochon tout rose et dodu (ce dernier adjectif le trahit), laisse-moi entrer chez toi, j'ai une surprise toute belle pour ta pendaison de crémaillère. Nous ferons la fête, nous chanterons et nous danserons ensemble, ouvre-moi, s'il te plaît ! ». Mais comme le petit cochon, qui avait été élevé, comme ses confrères, dans la crainte du grand méchant loup, n'était pas dupe, il refusa catégoriquement de céder et se barricada encore plus.

La bête, à bout de patience, sortit de ses gonds et commença alors à le menacer de façon terriblement grossière. Puis, elle se mit à souffler tellement fort que la maison s'envola d'un coup, laissant durant quelques secondes, le petit cochon complètement désemparé, avant qu'il ne se ressaisisse, heureusement, et s'enfuit, aussi vite qu'il le put, se réfugier chez son frère. Le loup hors de lui, furieux d'avoir laissé sa cible lui filer sous le nez, se dirigea de fort mauvaise humeur vers la maison en bois. Là, il ne s'encombra pas de préliminaires et se mit immédiatement à souffler si fort et si sauvagement qu'il en devint tout rouge et tout tremblant. Mais ses efforts furent récompensés et la maison fut démolie en quelques instants.

Les deux frères eurent à peine le temps de s'échapper et de s'abriter dans la maison de pierre de leur ainé, que le loup y était déjà. Jurant, vociférant, hurlant, le loup fou de rage, souffla encore de toutes ses forces, mais rien n'y fit cette fois-ci. L'habitation était si solide que même une tornade ou un tremblement de terre ne pouvait la déloger. Cet animal féroce, qui était également très persévérant, ne se découragea pas pour autant et grimpa sur le toit de la maison, afin de s'y introduire par la cheminée et dévorer enfin, tout cru, ces insolents petits jambons (euh… cochons) qui osaient le contrarier ! Tout en se léchant les babines et se frottant les mains à l'idée du délicieux repas qu'il reniflait déjà, il se laissa glisser, doucement et sans bruit, le long du conduit. Malheureusement pour lui, ce n'est que trop tard qu'il découvrit la marmite bouillonnante qui l'attendait en bas. N'ayant pu éviter l'effroyable plongeon dans l'eau brûlante, le loup en ressortit d'un bond, en criant de douleur et déguerpit à vive allure, laissant derrière lui, les trois petits cochons, riant à gorges déployées et applaudissant frénétiquement à cette scène burlesque !

Frustré, vaincu, humilié, le loup se résigna à abandonner chevreaux, Chaperon Rouge et cochons et quitta définitivement la forêt, pour s'installer en ville, où la chance lui sourit enfin. En effet, il se reconvertit en requin de la finance, à Wall Street, et on entendit bien souvent parler de lui.

Quant aux trois petits cochons, ils vécurent heureux, dans la maison de pierre, travaillant ensemble au développement florissant de leur société de pélothérapie, qui fut même cotée en bourse !

Tout est bien qui finit bien, dans le meilleur des mondes !

13
A des années-lumière

Addiction

Aï Lann

« A des années-lumière, je m'étais enfui
Loin, très loin de ma sombre destinée
Croyant échapper à l'emprise de mon bourreau.

Mais l'angoisse et la peur me martelaient
A nouveau la tête,
J'étais rattrapé par la Vaporeuse, l'Envoûteuse
A mesure qu'elle perdait de ses effets.

Derrière le masque, elle dévoilait une nouvelle fois
Son monstrueux visage :
Menteuse, elle me volait
Esclave, elle me rendait
Ogresse, elle me dévorait

Et pourtant je l'aimais. Oh! Oui! Comme je l'aimais!
Je ne pouvais m'en séparer.

Héroïne, mon héroïne
Je t'en supplie
Laisse-moi m'en aller
Rends-moi ma Liberté! »

En ligne de mire
Albane

De puissants télescopes ont levé haut leurs yeux à la recherche d'un nouvel eldorado. Ils ont scruté le ciel ; ils ont pointé leur index vers elle. Ils ont vu son rayon de lumière à peine plus grand qu'un point laser. Plus de 100 milliards d'étoiles n'ont pas suffi à lui servir de paravent. Il a fallu une malheureuse coïncidence, le hoquet imprévu d'un astre à distance pour dévoiler son existence. Elle s'est trouvée au mauvais moment dans le mauvais alignement. Depuis elle se sait examinée, analysée, disséquée. Depuis, elle attend, horrifiée, angoissée, terrifiée.

Dans le passé, les hommes l'avaient pourtant positivement impressionnée. Certaines planètes avaient même changé leur trajectoire pour mieux les voir. Elles avaient rencontré Mozart, Chopin, Bach, Haendel, Beethoven, Vivaldi, Tchaïkovski et encore bien d'autres génies. Elles avaient été bouleversées par tant de beauté. Touchées, elles s'étaient éloignées, parfois valsant parfois se balançant.

Dans les années 2000, des milliers d'étoiles échouées sur les plages se sont reflétées dans le ciel constellé. Agonisantes, leurs plaintes rauques ont résonné dans l'immensité. Dans leur sillage elles ont laissé leur témoignage. De cette humanité, le mal a triomphé. Les hommes ont peu à peu perdu la raison. Aveugles, ils n'ont pas vu l'air et l'eau se polluer, leurs enfants s'empoisonner. Sourds, ils n'ont pas entendu les gémissements des vivants agonisant. Faisant fi du passé autant que du futur, ils ont surexploité les ressources, surconsommé, sur-vécu. Poussée à ses extrêmes, la

terre s'est épuisée. Elle a grondé, a manifesté sa colère,
est devenue inhospitalière.

A des années-lumière
Dans l'univers, gravite une planète inquiète,
Que les ondes des sondes, sans relâche
Transpercent et dépècent.

Grains de poussière dans l'univers,
Les héritiers ne peuvent plus guère
Respirer sur la Terre.

Origines
Elisabeth

A des années-lumière de nos moteurs, les nomades mongols. Ganzorig chevauche la steppe sur son alezan mongol au travers des plaines irisées par le vent, au galop, ils volent pour la course de chevaux, ils rejoignent la fête du Naadam. Ganzorig espère secrètement y trouver femme.

A des années-lumière de nos pouvoirs, les indiens colombiens Kogis. Wayra est devenu cette année le chef du village. Entouré par d'autres désignés, il n'en tire pas d'avantages. Il fait partie des plus âgés, son expérience est demandée, chaque décision est amplement discutée.

A des années-lumière de nos convoitises, les amérindiens Washoes. Olathé avait apporté de l'eau à ce chercheur d'or perdu. Ouvrir sa terre de cette façon, il n'aurait pas dû. Alors à sa place, elle s'agenouille et demande pardon. Eventrer la Terre-mère est pour elle, une abomination.

A des années-lumière de nos esthétismes, les Mentawai d'Indonésie. Angga continue de se faire tatouer le reste du corps. Pour ne pas laisser s'échapper son âme, c'est son trésor. Il porte aussi des fleurs d'hibiscus sur la tête. Dans la maison communautaire, ainsi ils s'apprêtent.

A des années-lumière de mes origines, les Polonais immigrés. Que reste-t-il de mes rites à transmettre ? Déracinée des sources de mon être. Un monde grouillant éteint les origines. Vers quelles histoires, nos enfants s'acheminent ?

A des années-lumière de là...
Michèle

A des années-lumière de là, rien dans notre monde n'aura changé
Couples brisés, familles déchirées, enfants maltraités, vieillards méprisés,
Indifférence et ignorance, corruption et incompétence,
Insécurité et délinquance, menaces et violences,
Racismes et inégalités, esclavagisme et irrespect,
Prépondérance économique, catastrophes écologiques,
Intérêts politiques, combats interethniques,
Famines et guerres,
Luttes sanguinaires,
Misère et pauvreté,
Libertés muselées,
Innocents emprisonnés,
Droits fondamentaux bafoués...
A des années-lumière de là, rien dans notre monde n'aura changé,
Tant que l'homme restera un loup pour l'homme.
Mais idéaliste que je suis, je ne peux m'empêcher de rêver
Qu'à des années-lumière de là, l'homme aura changé
Et que notre monde sera enfin un havre de paix...

14
On the road again
Texte à quatre mains

Emilie ouvrit le réfrigérateur et prit l'assiette de restes de poulet au curry, qu'elle avait préparé pour le dîner de la veille. L'odeur des épices lui mit l'eau à la bouche et elle s'empressa de réchauffer le plat dans le micro-onde. Elle prévoyait toujours une grande quantité, pour deux raisons : d'une part, afin de n'avoir pas à cuisiner deux jours de suite, et d'autre part, parce qu'elle appréciait davantage la saveur des plats le lendemain. Elle enleva avec précaution l'assiette brûlante et la posa délicatement sur la table de la cuisine, avant de s'affaler sur une chaise, avec un soupir de soulagement. Il était temps qu'elle s'assoie un peu et qu'elle pense à autre chose que son déménagement, à toutes les démarches qui en découlaient et aux nombreuses formalités à accomplir.

Depuis que son mari lui avait confirmé la nouvelle de leur départ, ses journées paraissaient passer encore plus vite que d'habitude. Malgré les précédentes expatriations et l'expérience qu'elle était supposée en tirer, elle se sentait toujours prise au dépourvu au moment de l'annonce fatidique. Elle comparait cette divulgation à un couperet imaginaire, qui, comme lors d'un tournage de film, sectionnerait une scène pour passer à la suivante, tronçonnerait son existence en de multiples portions juxtaposées les unes aux autres. Même si elle appréciait cette vie de nomade et qu'elle croquait à pleines dents tout ce qu'elle lui offrait, elle redoutait inévitablement le moment du départ et la perspective de nouveaux horizons. L'appréhension était certes éphémère, mais son ressenti douloureux. Ce n'est qu'à ce moment-là seulement qu'elle enviait l'impassibilité de son mari. Son sang-froid paraissait résister à toutes les épreuves de la vie quotidienne et malgré leurs dix ans de mariage, elle ne comprenait toujours pas cet aspect de sa personnalité.

Lorsqu'il y a quelques semaines, il avait appris que son propre frère annulait son mariage prévu pour l'été, il s'était contenté d'un haussement de sourcils et d'une légère expression d'étonnement, avant de déclarer calmement qu'il valait mieux que cela arrive avant qu'après, alors qu'elle-même n'avait pu s'empêcher de s'exclamer de façon tonitruante, avant de rappeler sur le champ sa belle-mère et de l'assaillir de questions sur les raisons de cette tragédie. Elle n'avait rien compris à la longue diatribe que celle-ci lui avait déclamé entre deux sanglots, si ce n'est que celle-ci regrettait amèrement d'avoir déjà trouvé la tenue idéale et payé hors de prix la robe de ses rêves, qui maintenant ne servirait à rien et qu'elle ne pourrait même pas échanger. Elle avait essayé de la consoler sans succès et avait dû se résoudre à raccrocher, en n'ayant rien appris de plus. Son beau-frère s'était contenté d'un commentaire laconique du style « incompatibilité de caractères » avant de se murer dans un silence tenace. Si cette allégation, qu'elle trouvait pour le moins étrange et surprenante, d'autant plus qu'ils étaient ensemble depuis plus de cinq ans et qu'ils paraissaient se comprendre d'un seul regard, avait titillé sa curiosité, elle appréciait vraiment son ex-future belle-sœur et était sincèrement désolée que cette belle histoire d'amour s'achève ainsi. Malgré la désapprobation de son mari, pour qui la ligne de conduite à adopter, dans ce genre de circonstances, était discrétion et pragmatisme, elle avait tenté de la contacter à plusieurs reprises, lui avait même envoyé un message de réconfort, avant de se résoudre à l'évidence que celle-ci ne souhaitait sans doute pas s'exprimer sur le sujet.

C'est dans ces moments-là, qu'elle regrettait de vivre aussi loin des siens et de ne pas pouvoir être en mesure de leur apporter une aide plus efficace, comme elle l'aurait voulu. Mais l'éloignement avait néanmoins l'avantage, pensait-elle, de pouvoir prendre du recul et de ne pas se laisser emporter par le tourbillon des événements familiaux. D'ailleurs, depuis qu'elle avait appris leur transfert, elle n'avait eu ni l'occasion, ni le temps de repenser à cette triste affaire.

Emilie se redressa sur sa chaise et se rapprocha de la table, disponible enfin à succomber au plaisir de déguster lentement son plat préféré. C'était la troisième fois cette semaine qu'elle n'avait eu le temps ni de petit-déjeuner, ni de boire un café, et ces matinées de jeûne lui donnaient mal à la tête. Depuis ce matin, en effet, elle n'avait cessé de courir, s'activant méthodiquement, afin de terminer la liste des tâches à réaliser avant le milieu de l'après-midi, avant d'aller chercher les garçons à l'école. Heureusement, elle venait de recevoir la confirmation de leur inscription dans leur nouvel établissement scolaire, et c'était déjà un grand soulagement et une préoccupation en moins, à rayer sur cette fameuse liste.

Les déménageurs étaient également passés ce matin, des représentants de trois compagnies différentes qui lui avaient promis de lui envoyer un devis le plus rapidement possible. Elle sourit à la pensée du premier rendez-vous de la journée, à sept heures précises, lorsque, encore somnolente après une nuit agitée, elle avait ouvert la porte et n'avait pu s'empêcher d'écarquiller les yeux en apercevant l'homme debout sur le seuil.

Elle s'était vite ressaisie, avait poliment prié l'homme d'entrer et avait espéré que les apparences puissent s'avérer trompeuses, car celui-ci n'avait pas du tout le profil requis pour l'emploi. Les cheveux longs, négligemment attachés par un élastique fluorescent, la chemise, avec le sigle de la compagnie, à moitié boutonnée, les manches relevées découvrant des bras tatoués et des poignets encombrés de bracelets hétéroclites, le pantalon glissant, laissant apparaître un caleçon violet, des chaussures de sport oranges et noires avec les lacets défaits, bref, il paraissait tout droit sorti d'une *rave party* et absolument pas à sa place pour faire l'inventaire des meubles et affaires à empaqueter. Mais contre toute attente, l'homme avait l'air de s'y connaître en la matière et en une demi-heure, tout était répertorié avec précision.

Le deuxième représentant, qui correspondait plus aux critères vestimentaires attendus pour ce genre de travail, était arrivé peu de temps après, et avait également fait preuve de professionnalisme.

Quant au troisième, malgré toute la volonté déployée pour paraître efficace, il semblait complètement submergé par la tâche, mesurant maladroitement chaque meuble, chaque objet, même insignifiant, se reprenant à plusieurs reprises pour noter toutes ces informations qui semblaient s'embrouiller dans sa tête et créer un amalgame monstre. Transpirant à grosses gouttes, il avait demandé, à plusieurs reprises, un verre d'eau, avant de se replonger dans ses notes, faisant tantôt tomber des feuillets à terre, tantôt son stylo, passant d'une pièce à l'autre, avec un air paniqué devant la somme astronomique de choses à répertorier ! Emilie avait fourni un effort extraordinaire d'abord, pour se retenir de rire, puis pour contrôler son impatience, et enfin pour réprimer son exaspération. La visite avait duré plus de deux heures et demi et en refermant la porte derrière ce drôle de personnage, elle avait prié pour que la société de son mari ne retienne pas cette dernière compagnie. Cette fois-ci, elle aurait son mot à dire !

Elle avait dû ensuite passer plusieurs coups de fil aux différentes agences immobilières qu'elle avait sélectionnées, avant de remplir des papiers administratifs qui lui semblaient plus absurdes et plus inutiles les uns que les autres. Elle avait enfin fini ce qu'elle s'était fixée de faire pour cette matinée et allait finalement apprécier un peu de tranquillité. Rien ne devrait venir perturber le peu de temps qui lui restait avant d'aller récupérer les enfants. Devant son assiette maintenant vide, sa tasse de café à la main, elle observait, à travers la baie vitrée de la cuisine, la scène amusante de deux écureuils se pourchassant dans le jardin. Plongée dans ses pensées, elle n'entendit pas la sonnette de la porte d'entrée. Celle-ci, se faisant alors plus insistante, la fit sursauter. Contrariée de devoir interrompre son moment de quiétude et étonnée de cette visite inattendue, elle se leva précipitamment pour aller ouvrir...

Quelle ne fut pas sa stupeur quand elle vit qui se trouvait sur le pas de sa porte... Elle en resta bouche bée. Sans voix. Décontenancée. Se tenait devant elle, un homme d'une quarantaine d'années, brun, yeux bleus, assez grand, costume gris, chemise blanche, cravate rouge. Elle aurait pu ne pas le reconnaître tout de suite car ils s'étaient vus pour la dernière fois il y avait vingt ans de cela, quand ils étaient tous deux étudiants dans ce premier pays exotique où Emilie s'était expatriée seule. Première expérience au loin, sans la famille, à l'aventure, en sac à dos. Expérience si bouleversante, si enrichissante et inoubliable. Les sons nouveaux, les odeurs si caractéristiques, les saveurs qui affolaient les papilles, tout appelait les sens à l'éveil, à la curiosité, à la découverte. Ce pays l'avait accueilli à bras ouverts, il lui avait offert ce qu'il avait de meilleur : ses couleurs, ses sourires et ses paysages enchanteurs. Elle avait su en tirer un maximum de bénéfices. Elle avait mûri d'un coup en découvrant ce monde qui lui semblait si étranger et pourtant si familier parce qu'elle avait pu mieux y voir l'Humanité cachée derrière la diversité.

C'était tout cela que lui rappelait cet homme planté devant elle dans l'encadrement de cette porte qu'elle devrait bientôt franchir pour ne plus y revenir. Elle l'avait connu il y avait vingt ans déjà, dans un pays, à l'autre bout du monde, dans une langue qui n'était pas la leur, un pays qu'ils avaient appris à apprivoiser avant qu'ils ne se croisent au cours d'une rencontre étudiante internationalités.

Adnan. Il s'appelait Adnan. Il était bosniaque, parfaitement trilingue. Il étudiait les Beaux-Arts à Pékin. Son regard d'un bleu acier transperçait toute personne qui osait le regarder. Il fallait lutter pour accepter de le fixer. Il avait un charisme fou, son corps tout entier dégageait une énergie incroyable, il prenait tout l'espace. Un solaire ! Tout le monde venait se réchauffer au contact de ses rayons. Il avait une telle force d'attraction ! Emilie ne faisait pas exception. Elle l'admirait.

Rien ne s'était passé entre eux, mais ils avaient noué une certaine complicité au fil des mois et ils avaient partagé de beaux moments d'échanges émerveillés. Chacun apprenait, retirant de l'autre ce qu'il avait de spécial à offrir.

Puis, le retour d'Emilie chez elle avait mis fin à cette rencontre platonique, mais incroyablement nourrissante. Ils s'étaient totalement perdus de vue. Chacun, dans l'ignorance de l'autre, avait continué son chemin vers son destin. Bien sûr, Emilie avait gardé la mémoire d'Adnan dans un coin de sa tête, de sa peau ... Alors qu'elle le pensait éloigné à jamais, un véritable feu d'artifice d'émotions s'alluma en elle à la vue de cet homme-surprise devant sa propre maison.

Il lui fallut quelques instants pour reprendre ses esprits et lui dire, d'une voix douce et hésitante : « Adnan, veux-tu entrer? ». Ce sont les seuls premiers mots articulés qu'elle put prononcer depuis qu'elle avait ouvert la porte.

Il est entré. Elle lui a proposé un thé et non pas un café, en souvenir du pays qu'ils chérissaient en commun. Ils s'assirent sur le canapé et après un moment de silence prolongé, elle lui demanda dans un souffle : « Pourquoi? ».

Ils n'avaient que deux petites heures devant eux avant qu'Emilie n'aille chercher ses enfants à l'école. Alors il lui raconta sa vie, son parcours. Il était, lui, resté là-bas. Il s'était marié avec une Chinoise. Ils avaient deux enfants : une fille et un garçon de sang mêlé. Il avait un poste à responsabilité dans une entreprise multiculturelle, il voyageait beaucoup et ce n'est que par hasard, au cours d'un de ces nombreux voyages d'affaires, qu'il avait appris la présence d'Emilie ici, à Washington.

Au début, il était seulement heureux d'avoir de ses nouvelles de loin en loin, mais lorsqu'à l'occasion de son précédent séjour, il avait entendu dire qu'elle repartait vers de nouveaux horizons, il avait été pris d'une envie irrésistible de la contacter, de la revoir, d'entendre sa voix. L'idée de ne pas le faire lui était insupportable. Il ne comprenait pas pourquoi. Il était heureux avec sa femme, ses enfants, son travail. Il aimait ce qu'il faisait, il aimait ce qu'il avait, alors pourquoi cette impression de manque, ce gouffre soudain ? En la recontactant, il espérait en trouver la raison. Voilà pourquoi il était là, assis sur le canapé du salon d'Emilie entrain de lui raconter sa vie en buvant le thé.

Elle l'écouta attentivement, silencieusement, sans l'interrompre. Cette discussion lui semblait irréaliste, mais elle faisait étrangement écho en elle. Elle sentait qu'avec ces paroles, une brèche s'ouvrait lentement à l'intérieur, un mince filet, mais qu'elle pressentait pouvoir devenir un abîme.

Avant qu'Adnan n'apparaisse, Emilie était sur le point de quitter à nouveau un pays pour en découvrir un autre, elle se préparait aux changements, elle se sentait prête malgré l'appréhension, mais là, à la fin de son récit, elle comprit qu'un événement majeur d'une toute autre ampleur pointait à l'horizon, un événement si imprévu qu'il pourrait être ravageur, dévastateur.

C'est alors qu'à nouveau une petite voix lui fit entendre l'histoire de son beau-frère et de son ex-future belle-sœur qu'elle n'avait pas su décrypter quelques semaines auparavant. Elle comprit que ce qu'ils avaient dû traverser pourrait ressembler à ce qu'elle se préparait à vivre douloureusement.

Deux routes s'offraient à elle désormais, quelle était celle qu'elle allait emprunter ? À ce moment-là, à la fin du récit d'Adnan, en cet instant précis, personne n'aurait pu le prédire...

Emilie était terrassée. Une phrase dans le récit d'Adnan, un chapelet de mots lancés négligemment venait de faire exploser son fragile équilibre. Il ne pouvait mesurer la portée de ce qu'il venait de lui révéler. Pourtant, la description de l'homme qu'avait rencontré Adnan en février dernier, cet homme qui l'avait renseigné sur elle et sa famille, ne laissait aucun doute. Medane Gad l'avait retrouvée. Elle ne connaîtrait plus la paix. Cet homme, elle l'avait rencontré vingt ans plus tôt en Chine. Il l'avait abordée par hasard, l'avait apprivoisée. Curieuse, elle l'avait laissé s'approcher. Charmée, elle l'avait laissé lui parler. Elle l'avait écouté. Un bourgeon d'amitié était né. Il lui avait raconté ses premières années, le camp de rétention, la perte de ses parents, la faim. Il lui avait dit la trace laissée par ce passé, sa difficulté d'exister, ses amours sans cesse avortés. Et brutalement, Medane Gad, lui avait révélé l'affreuse vérité. Emilie portait dans ses veines le sang de ses bourreaux. Son père, bébé abandonné, avait été adopté. Fils biologique du kapo Ivan Schmitt, il avait ignoré cette lourde hérédité. Son cœur s'est arrêté bien avant que ne soit découvert cette terrible paternité. Emilie avait été la première à en être informée. L'homme blessé avait pourchassé, traqué les faiseurs de son malheur. Medane Gad n'avait eu de cesse de les rechercher, puis s'était penché sur leurs héritiers. Il avait révélé à chacun cette part d'identité, leur promettant d'en informer l'homme ou la femme qui partagerait leur destinée. Il ne pouvait pardonner.

Les premiers mois, Emilie n'avait pas supporté le poids de ce passé. Elle avait sombré. Terrassée par la honte, elle avait tout abandonné, sacrifié son amour mort-né pour Adnan, quitté sa vie et ses amis. Elle s'était réfugiée dans son lit, avait imploré l'oubli. Il lui avait fallu des mois, les bras enveloppants d'une mère, la chaleur de sa voix, son amour sans condition pour accepter se relever. Elle avait chassé la colère, vaine, mais n'avait pu effacer la culpabilité. Alors elle s'était échappée. Elle avait voyagé. Missionnée par l'ONU, elle avait sillonné le globe, se posant çà et là sur de courtes durées. Son équilibre, elle l'avait trouvé dans le mouvement, la fuite en avant. En chemin, elle avait rencontré Yahel. Elle l'avait épousé, mais n'avait pu lui parler. Deux enfants étaient nés.

A cet instant, dans ce salon, se rejouaient deux drames de sa vie : la révélation et l'abandon. Adnan. Leurs regards s'évitaient, se croisaient, se séparaient, se retrouvaient, irrésistiblement. Emilie était bouleversée. Elle était aussi terrorisée. Deux petits hommes l'attendaient patiemment, un cartable sur le dos...

Apres avoir été contacté de façon urgente par l'école, Yahel était parti chercher ses garçons, abandonnant séance tenante réunions et décisions. Emilie ne répondait plus aux nombreux appels et messages laissés successivement. Alors pour la première fois, inquiet, il avait pris sa voiture et ramené ses enfants à la maison.

Yahel retrouva Emilie dans le couloir de la maison. Un sac à dos attendait à ses pieds.

- « Que se passe-t-il ? Tu pars ? » lui demanda-t-il.
- « Il le faut », répondit Emilie, ses yeux plantés dans ceux de son mari. « Il est temps pour moi de comprendre d'où je viens. »

Yahel restait décontenancé face à la visible détermination de son épouse. Ils demandèrent aux garçons d'aller jouer dans leur chambre pour s'octroyer un moment de discussion.

- « Mais j'ai besoin de toi ! Les garçons aussi ! Tu ne peux pas partir comme ça ! Tu as quelqu'un d'autre dans ta vie ? »

- « Je t'ai menti sur mon passé. Pardonne-moi Yahel. »

En quelques mots, et le plus calmement possible, elle lui raconta ce qu'elle portait en elle depuis plus de dix ans. Il y a des héritages dont on ne peut se débarrasser. Ils refont surface au moment où on les attend le moins. Celui-ci était resté enfui. Elle avait fait semblant d'être épanouie.

Yahel se sentait désarmé, trahi aussi par cette tranche d'histoire non partagée dans son couple depuis si longtemps. Emilie lui montra des coupures de journaux qu'elle avait collectées pendant quelques années, des extraits de procès toujours en cours, des photos des lieux chargés du passé. Elle avait besoin de savoir pour se réconcilier, pour rétablir la vérité, et la partager si nécessaire avec ses enfants quand il serait temps de le faire. Quant à sa relation avec Adnan, elle nourrissait des sentiments confus. Sous son regard, elle se sentait pleinement femme, mais les voix de la raison et son rôle dans sa famille s'agrippaient dans son cœur.

Arrivée au bout de sa confession, elle se leva lentement du fauteuil où elle s'était assise, et grimpa les marches jusqu'aux chambres. Elle devina dans leur attitude que ses garçons pressentaient quelque chose, et leur expliqua qu'elle partait en voyage pour quelques semaines.

- « Et nous, on ne part plus ? », lui demanda le plus jeune.

- « Si, mais je vous rejoindrai dès que possible. Papa s'occupe de tout, soyez sans crainte. Je vous aime ».

Elle les embrassa longuement en les enlaçant. Ne plus penser, agir maintenant.

Emilie jeta son sac sur le dos, et adressa un regard plein de compassion à son mari désœuvré. A ce moment, il mesura à quel point il l'aimait encore, et réussit à dire en plaçant ses mains sur le visage d'Emilie:

- « Bonne chance, reviens-moi vite ».

La voiture d'Adnan l'attendait dans la rue. Dans trois heures, elle s'envolerait vers son destin. Elle ne regarda pas la maison s'éloigner.

15
Atelier d'écriture

« Et si ? Et puis... »

Aï Lann

Une idée traversée. Trois mots couchés sur le papier :
un poème.
Une pensée, une émotion, du plaisir : un texte.
Un besoin, une urgence à partager : un atelier.
Une communauté. Un désir. Et un livre est né !

Atelier d'écriture

Albane

Sur ma table, cahiers et crayons éparpillés
Me rappellent les heures passées,
A libérer des histoires imaginées
Du carcan de mes pensées.
Un mot, une phrase, un tableau,
Tout est prétexte à s'évader
En brèves esquisses ou longues tirades,
Avec mes camarades,
Nous invoquions sans brimade
Ton nom, Création.

Faire le pas
Elisabeth

Écrire, quelle belle innovation dans l'évolution humaine ! Il faut juste réveiller quelques neurones endormis pour coucher des mots sur le papier, et se projeter dans un ailleurs. L'aventure ne s'arrête pas là : pourquoi ne pas lire ses textes, devant les autres. La voix est aussi un relais au partage, à l'échange.

Je vous lance une invitation à relever ce défi, pour tous ceux qui aiment, les épicuriens, les gourmands de la vie. Ne soyez pas timides, c'est un si bel exercice sans limite.

L'écriture…
Michèle

L'écriture est pour moi :
Une détente, un loisir, une distraction,
Une pensée, un travail, une réflexion,
Une escapade, un voyage, une évasion,
Un message, un refuge, une introspection,
Un plaisir, un vertige, des émotions…
L'écriture est pour moi une passion !

Cet atelier d'écritures fut pour moi une révélation,
Un bouillonnant foyer d'expression !
Au-delà de l'incitation à écrire,
Entre partages et fous-rires,
Echanges fructueux, idées foisonnantes,
Moments intenses, complicité touchante,
Temps précieux mémorable,
Souvenirs ineffaçables,
Nous nous sommes retrouvées,
Avec bienveillance écoutées,
Nos textes nous ont portées,
Encouragées à continuer !
Ecrits tristes ou joviaux,
Ballades à travers des mots
Révélés sur le papier,
Instants d'éternité…

Le mot de la fin

Tchin !
Florence Vitel

Quand on se trouve, inattendu, on s'invente ensemble un univers qui n'appartient aux autres qu'après qu'on ait osé s'ouvrir à leurs yeux. Dans cette découverte impromptue, au détour d'un rire, dans un éclat de vie qu'on partage, on offre aux étoiles des cascades de mots en rythmes intimes.
Le chemin est là, dévoilé, offert, partagé.
Et nous, voyageurs accidentels, savourons les fruits en route, aux parfums retrouvés de souvenirs enfuis. Et dans les bulles légères, on lie nos destins dans ce projet commun.

Bon voyage en écriture !

Note des auteures

Ce recueil est le fruit d'une année de rencontres régulières au sein d'un atelier d'écriture. En effet, chaque mois, nous nous retrouvions avec enthousiasme, pour découvrir les textes rédigés, chacune de notre côté, sur des thèmes variés, choisis d'un commun accord. Après une lecture à voix haute de nos productions, toujours accueillies avec beaucoup de bienveillance, nous poursuivions par un ou plusieurs exercices d'écriture spontanée, mettant à l'œuvre notre créativité dans un temps imparti.

Nous avons pris énormément de plaisir à ces moments de partage, de réflexion et d'improvisation et souhaitons dédier cet ouvrage aux écrivains en herbe, aux amoureux de la plume, aux jeteurs d'encre…

Biographies

Aï-Lann est expatriée depuis trois ans aux Etats-Unis. Après un deuil, des retrouvailles et cette nouvelle aventure sur un nouveau continent, elle s'est mise à créer des histoires, des poèmes… C'est avant tout l'expérience d'une métamorphose qu'elle a voulu transmettre au travers de ces écrits spontanés. Métamorphose que la vie en expatriation entraîne dans son sillage, grâce aux personnes rencontrées, aux voyages effectués et aussi grâce aux paysages intérieurs traversés.

Albane Duquet aime écrire et l'âge aggrave son plaisir. Amis, famille, voyages, le monde et son évolution sont d'intarissables sources d'inspiration. Cet atelier l'a forcée à prendre la plume, et à se dépasser. Il a été le théâtre de riches échanges et de grands éclats de rires. Commencée à Houston, elle espère bien poursuivre cette aventure dans le futur, en France probablement.

Elisabeth Caucheteux Un nouveau challenge l'attendait à Houston : Écrire. A 46 ans, elle complète sa passion pour la peinture par un atelier d'écriture riche en émotions et en partages. A l'image de ses tableaux, ce nouvel exercice donnera naissance à des textes courts, épurés, reflétant des origines au cœur de la nature.

Michèle Samaha Abounohra est née à Beyrouth et a grandi à Paris. Depuis l'enfance, elle est éprise d'écriture, d'art et de voyages. En 2012, elle participe à un concours international de nouvelles, organisée par le *Forum Femmes Méditerranée*, et voit son texte primé et publié dans un recueil. Ses pérégrinations, en tant qu'expatriée, lui permettent d'assouvir ses passions et d'y puiser son inspiration.

Printed in Great Britain
by Amazon